AF561218

Matthias Donath

Johanniter auf Rhodos

Donatus-Kulturführer

DONATUS

Dr. Matthias Donath, geboren 1975, ist Historiker, Ausstellungskurator und Buchautor. Er ist Ehrenritter der sächsischen Genossenschaft des Johanniterordens und gehört der Subkommende Oberlausitz an. Auf Reisen nach Rhodos und zu anderen Johanniter-Inseln und -Orten beschäftigte er sich mit dem kulturellen Erbe des Johanniterordens im Mittelmeerraum. Matthias Donath leitet mit Dr. Lars-Arne Dannenberg das Zentrum für Kultur//Geschichte in Niederjahna bei Meißen.

Bibliografische Information der Deutschen Nationalbibliothek:
Die Deutsche Nationalbibliothek verzeichnet diese Publikation in der Deutschen Nationalbibliografie; detaillierte bibliografische Daten sind im Internet über www.dnb.de abrufbar.

Impressum

© 2023 Donatus-Verlag, 2. Auflage
Abbildungen: Matthias Donath
Satz und Gestaltung: spitzenton.design
Verlag: Donatus-Verlag, Niederjahna
Herstellung: Books on demand, BOD Norderstedt
ISBN: 978-3-946710-56-1

Inhaltsverzeichnis

Rhodos, Ritterstraße

Satellitenaufnahme der Dodekanes-Inseln (Griechenland) vor der zerklüfteten Küste Kleinasiens (Türkei)

Rhodos und die Dodekanes-Inseln

Rhodos liegt im Südosten der Ägäis vor der Küste Kleinasiens. Von der griechischen Hauptstadt Athen ist die Insel rund 430 Kilometer entfernt. Mit einer Fläche von 1.401 Quadratkilometern – das entspricht der doppelten Stadtfläche Berlins – ist Rhodos die viertgrößte Insel Griechenlands.

Die Hälfte der rund 115.000 Einwohner lebt in der gleichnamigen Stadt im Norden der Insel oder ihrer Umgebung. Die bewohnten Orte liegen vorwiegend im Norden und Nordwesten des 78 Kilometer langen und 38 Kilometer breiten Eilands, während der Süden nur dünn besiedelt ist. Die Inselmitte ist sehr gebirgig. Die Gebirgsketten steigen bis zum 1.216 Meter hohen Ataviros an, einem kahlen, felsigen Bergmassiv im mittleren Westen. Vor allem in der Südhälfte der Insel reichen Berge und Bergketten bis an die Küste heran. Dort wechseln sich steile Felsabhänge mit flachen Küstenabschnitten und Buchten ab. Rund 30 Prozent der Insel sind bewaldet. Damit ist Rhodos im Vergleich mit anderen In-

seln der Ägäis sehr grün. Ein dichtes Waldgebiet überwiegend aus Pinien bedeckt den Gebirgszug mit dem 780 Meter hohen Berg Profitis Ilias.
Rhodos ist die Hauptinsel der Dodekanes („Zwölf Inseln"). Die Inselgruppe der südöstlichen Ägäis besteht nicht nur aus zwölf Inseln, wie es der griechische Name andeutet, sondern aus 25 bewohnten und rund 130 unbewohnten, kleineren Inseln. Die größeren Inseln sind nördlich von Rhodos wie auf einer Perlenschnur aufgereiht: Chalki, Tilos, Nisyros, Kos, Kalymnos, Leros und Patmos. Astypalea liegt westlich von Kos; Symi nördlich von Rhodos und östlich von Tilos. Südwestlich von Rhodos bilden Karpathos und Kasos eine Inselgruppe.
125 Kilometer östlich von Rhodos befindet sich vor der kleinasiatischen Küste die Insel Kastelorizo. Diese ist aus politischen und historischen Gründen zu den Dodekanes-Inseln zu rechnen, auch wenn sie geografisch abseits liegt.

Die Dodekanes-Inseln im Mittelmeer

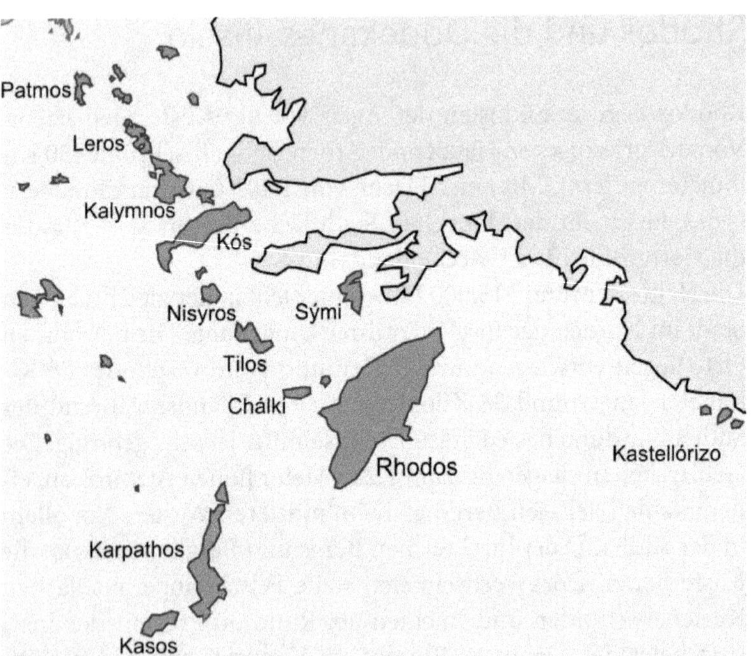

Phantasierekonstruktion des Kolosses von Rhodos, 19. Jahrhundert

Bevor die Ritter kamen

Die Inseln sind, wie einzelne archäologische Funde zeigen, bereits seit der Jungsteinzeit (Neolithikum) besiedelt. Ab dem zweiten Jahrtausend vor Christus ließen sich hier Minoer nieder, denen Mykener nachfolgten. Dorische Griechen siedelten ab dem 11. Jahrhundert vor Christus auf Rhodos. Seitdem war die Insel integraler Bestandteil der griechischen Welt. Rhodos profitierte über Jahrhunderte davon, dass es am stark frequentierten Seeweg von Griechenland zur östlichen Mittelmeerküste lag. Die drei Städte Ialyssos, Kameiros und Lindos blühten auf. Die von einem Tempel bekrönte Akropolis von Lindos war ein religiöses Zentrum überregionaler Bedeutung. Die drei Stadtstaaten auf Rhodos bildeten zusammen mit Kos und den festländischen Städten Knidos und Halikarnassos einen Sechsstädtebund – die Dorische Hexapolis. Nach dem Ende der persischen Herrschaft schlossen sich die drei Städte auf Rhodos zusammen. Seitdem bildete die ganze Insel erstmals ein zusammenhängendes Herrschaftsgebiet. An der

Nordspitze der Insel wurde 408/407 vor Christus eine neue Stadt gegründet – die Inselhauptstadt Rhodos. Der Stadtplaner Hippodamos von Milet entwarf für sie einen regelmäßigen Stadtplan mit rechteckigen Quartieren.

Rhodos entwickelte sich zu einem wichtigen Handelsplatz im Mittelmeerraum. Für die Bedeutung des Hafens spricht, dass hier eines der sieben Weltwunder der Antike stand, der Koloss von Rhodos. Die über 30 Meter hohe, monumentale Bronzefigur wurde 292 vor Christus vollendet. Wie sie genau aussah, ist nicht bekannt, weil sie etwa 227/226 vor Christus infolge eines Erdbebens einstürzte. Die überlieferten Beschreibungen lassen verschiedene Rekonstruktionen zu. Spätere Darstellungen zeigen eine riesige männliche Figur, die breitbeinig über der Hafeneinfahrt stand und so groß war, dass Schiffe unter den Beinen hindurch in den Hafen einfahren konnten. Der Koloss stellte den Sonnengott Helios dar, dem die Insel geweiht war und dessen Bild auch auf den in Rhodos geprägten Münzen prangte. Möglicherweise ist der Koloss aber eine stehende Bronzefigur auf nur einem Sockel gewesen. Der Standort lässt sich nicht sicher nachweisen. Fast alle Abbildungen, die heute kursieren, gehen auf Phantasierekonstruktionen des 16. Jahrhunderts zurück.

Rhodos wurde in der zweiten Hälfte des 3. Jahrhunderts vor Christus zur stärksten Seemacht in der Ägäis. Das Territorium des Stadtstaats dehnte sich auf Inseln wie Kos und sogar auf Städte des Festlands aus. Die hellenistische Kultur blühte. Als Rom immer mächtiger wurde und die Vorherrschaft im östlichen Mittelmeerraum anstrebte, gingen die Rhodier 164 vor Christus ein Bündnis mit den ungleich stärkeren Römern ein. Damit verlor die Insel zwar ihre politische Eigenständigkeit, aber in kultureller und wirtschaftlicher Hinsicht behielt sie ihre große Ausstrahlung. Rhodos blieb eine wichtige Station des Fernhandels im Mittelmeer. Da die Römer keine ständige Flotte in der Ägäis unterhielten, übernahmen die Rhodier die Bekämpfung der kretischen Piraten. Durch ihre Bildhauerschule wurde die Insel in der ganzen römischen Welt bekannt. Formal blieb Rhodos eigenständig. Erst im Jahr 74 nach Christus gliederte Kaiser Vespasian die Insel dem Römischen Reich an. Zugeordnet war sie der Provinz Lykien und Pamphylien. Die römische Herrschaft änderte nichts an der griechischen Sprache, die im östlichen Mittelmeerraum die dominierende Kommunikationssprache darstellte. Durch die Teilung des Römischen Reiches entstand 395 das Oströmische Reich, das man später nach der Hauptstadt Byzantion (Konstantinopel) auch als Byzantinisches Reich bezeichnete. In dem Herrschaftsgebiet der byzantinischen Kaiser setzte sich der christliche Glaube durch.

Paulusbucht unterhalb der Akropolis von Lindos

Rhodos war mit dem Christentum erstmals durch den Apostel Paulus in Berührung bekommen. Dieser besuchte auf seiner dritten Missionsreise zahlreiche Inseln vor der kleinasiatischen Küste. Von Kos fuhr er zur Insel Rhodos, wo er möglicherweise an Land ging. Die spätere Überlieferung verband den Besuch des Apostels mit der Paulusbucht unterhalb der Akropolis von Lindos.

Die byzantinische Herrschaft reichte bis ins Jahr 1309. In diesen sehr unruhigen Jahrhunderten erlebte Rhodos einen Niedergang. Die Insel wurde mehrfach von verschiedenen Mächten geplündert, die sich im östlichen Mittelmeerraum zu etablieren versuchten. 653 landete erstmals eine arabische Flotte. Seefahrer muslimischen wie christlichen Glaubens raubten die Inselbewohner aus. Auch die Kreuzzüge berührten Rhodos. 1124 plünderten Venezianer unter dem Dogen Domenico Michiel mehrere Inseln, darunter Rhodos. Mit dem vierten Kreuzzug fiel die Insel 1204 formell an die Republik Venedig, doch tatsächlich machte sich der byzantinische Magnat Leon Gabalas zum Inselherrscher. Er nannte sich „Kaisar“ und ging, um seine Macht gegen die Byzantiner zu sichern, ein Bündnis mit den Venezianern ein.

1248 besetzten die Genuesen die Insel, doch gelang 1250 dem byzantinischen Kaiserreich die Rückgewinnung der Insel. Ab 1261 übten die Kaiser in Konstantinopel wieder die Herrschaft aus.

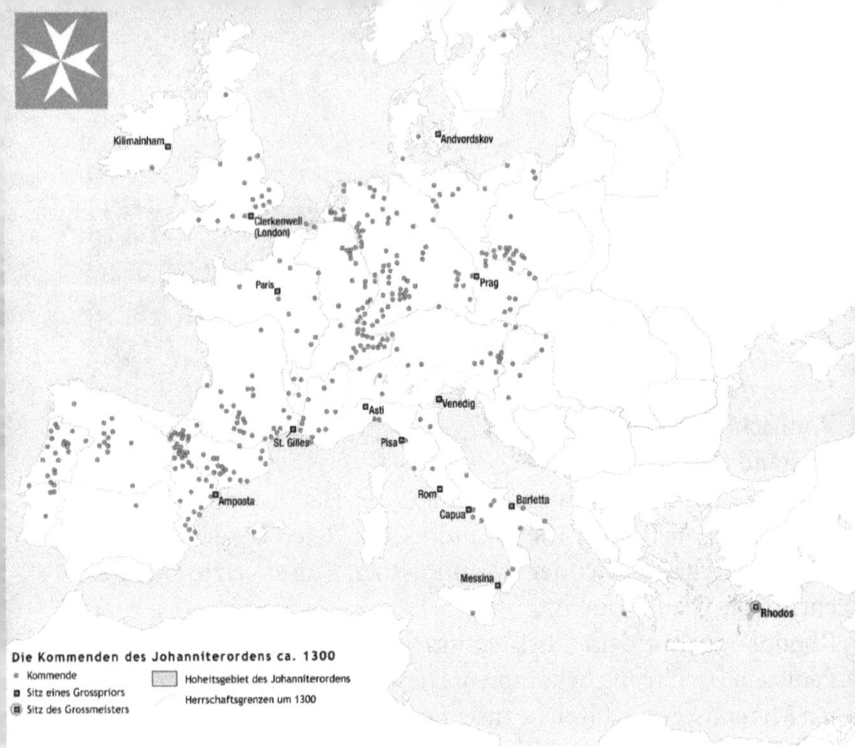

Kommenden des Johanniterordens in Europa um 1300

Der Johanniterorden

Der Johanniterorden war ursprünglich kein Ritterorden, sondern ein Hospitalorden. Er entstand aus einer christlichen Hospitalgemeinschaft, die sich in der zweiten Hälfte des 11. Jahrhunderts in Jerusalem gebildet hatte. Das Hospital, verbunden mit einer Johannes dem Täufer geweihten Kirche, war von Kaufleuten aus dem süditalienischen Amalfi gestiftet worden. Die Brüder der Hospitalgemeinschaft pflegten Kranke, unterstützten Arme und Obdachlose und betreuten Pilger, die aus den christlichen Ländern Europas ins Heilige Land gereist waren, um dort die Orte des Wirkens Jesu Christi zu sehen. Um 1099 bildete sich eine Ordensgemeinschaft mit bestimmten Regeln heraus. Der Orden, der sich nach Johannes dem Täufer nannte, erhielt durch Schenkungen Grundbesitz im Heiligen Land, aber bereits vor 1110 auch in Frankreich. 1113 stellte Papst Paschalis II. die Ordensgemeinschaft und ihren Besitz unter den Schutz des Heiligen Stuhls. Aus der Urkunde geht hervor, dass der Orden nicht nur das Hospital in Jerusalem unterhielt, sondern auch in den Häfen Italiens und Frankreichs Hospitäler und Armenhäuser betrieb. So bauten die Johanniter ein Netz zur Versorgung der Pilger auf, die von Europa ins Heilige Land reisten. Im 12. Jahrhundert etablierten sich die Johanniter als überregionaler Orden mit eigener Geistlichkeit und eigenen Regeln. Zudem vollzog sich ein Prozess der „Militarisierung". Unter dem Eindruck der wachsenden Bedrohung der Kreuzfahrerstaaten sahen es die Ordensbrüder auch als ihre Aufgabe an, die Pilger und die christlichen Bewohner des Königreichs Jerusalem gegen „Feinde des Glaubens" zu verteidigen. 1144 übertrug Graf Raimund II. von Tripolis dem Johanniterorden mehrere Burgen und Siedlungen, darunter Crac de Chevaliers in Syrien. Die militärischen Aufgaben führten zur Aufnahme von Ritterbrüdern und schließlich zur Umformierung in einen Ritterorden, der zwar seine frühere Aufgabe als Hospitalorden behielt, sich aber darüber hinaus an der Verteidigung des Heiligen Landes und an Feldzügen gegen Muslime beteiligte.

Die Mitglieder des Johanniterordens verpflichteten sich zu Keuschheit, Armut und Gehorsam. Man unterschied zwischen Ritterbrüdern, die vor allem militärische Aufgaben wahrnahmen, Priesterbrüdern, die die Priesterweihe erhalten hatten und als Ordensgeistliche tätig waren, sowie dienenden Brüdern (Sergeants), die im Hospital oder in der Verwaltung arbeiteten. Ritterbruder durfte nur werden, wer einer rittermäßigen Familie entstammte. Damit wurde die adlige Abstammung zum Aufnahmekriterium.

Durch Schenkungen und Stiftungen erwarb der Orden ab dem 12. Jahrhundert Grundbesitz im lateinischen Westen, vor allem in Frankreich, Nordspanien (Königreich Aragon) und England. Auch im Heiligen Römischen Reich konnte der Orden mehrere Besitzungen erwerben. Diese Besitzausweitung machte es notwendig, eine Verwaltungsstruktur aufzubauen. So erhielt der Orden eine innere Gliederung. Die kleinsten Einheiten waren die Komtureien oder Kommenden. Diese wurden von einem Komtur oder Kommendator geleitet und umfassten mehrere Rit-

Großmeister Pierre d´Aubusson und das Generalkapitel des Johanniterordens. Buchmalerei aus Gauillaume Caoursins „Obsidionis Rhodiae urbis descriptio“, 1480

ter- und Priesterbrüder. Der Grundbesitz wurde von einem zentralen Standort aus verwaltet. Dort gab es eine Kirche oder Kapelle, manchmal auch ein Hospital. Mehrere Kommenden konnten zu einer Ballei zusammengefasst sein. Die Leitung hatte ein Balleier oder Bailli inne – der Begriff ungeklärter Herkunft leitet sich vom mittellateinischen „ballivus“ (Aufseher) ab. Als übergeordnete Verwaltungseinheit diente das Priorat, geleitet von einem Prior oder Großprior. Mehrere Priorate waren in einer Zunge oder Provinz zusammengefasst. Seit 1331 gab es sieben, ab 1462 acht Zungen: Frankreich, Provence, Auvergne, Italien, Kastilien, Aragon, England und Deutschland. An der Verteilung – allein drei Zungen gehörten zur französischen Krone – kann man die Bedeutung Frankreichs im mittelalterlichen Johanniterorden ablesen.
An der Spitze des Ordens stand ein auf Lebenszeit gewählter Meister (Magister). Im 14. und 15. Jahrhundert setzte sich die Bezeichnung Großmeister (Magnus Magister) durch. Der Großmeister verfügte über umfangreiche Befugnisse. Gewählt wurde er vom Generalkapitel, das sich aus Delegierten der Zungen des Ordens zusammensetzte. Dem Großmeister waren verschiedene Amtsträger unterstellt: Großkomtur (Verantwortlicher für das Finanzwesen), Großhospitalier (Verantwortlicher für die Krankenpflege), Großmarschall (Oberkommandierender), Turcopolier (Kommandeur der Hilfstruppen), Großbailli (Verantwortlicher für die Festungsanlagen), Großkanzler (Verantwortlicher für Verwaltung und Außenkontakte) sowie Drapier (Verantwortlicher für die Ausrüstung). Die seit dem 14. Jahrhundert bestehende Ordensflotte wurde vom Großadmiral befehligt.
Die größten und umfangreichsten Ordensbesitzungen befanden sich in Frankreich und England. Von dort kamen auch die meisten Ritterbrüder. Im Heiligen Römischen Reich befanden sich die Priorate Deutschland und Böhmen. Die nordostdeutschen Kommenden waren in der Ballei Brandenburg zusammengefasst, aus der sich infolge der Reformation der evangelische Johanniterorden entwickelte.
Der Besitz im lateinischen Westen ermöglichte es dem Johanniterorden, die eigenen Ordensritter auszurüsten und Hilfstruppen – vorwiegend leicht gerüstete Bogenschützen zu Pferd – anzuwer-

Wappen des Großmeisters Pierre d´Aubusson mit Kardinalshut am Turm von Spanien der Stadtbefestigung von Rhodos, 1489

ben. Templer und Johanniter bildeten den Kern des Heeres des Königreichs Jerusalem. Die Johanniter übernahmen zudem Burgen, die örtliche Feudalherren nicht mehr verteidigen konnten, und errichteten selbst Befestigungen, etwa die Johanniterburg Belvoir im Jordantal. Darüber hinaus verfügten die Johanniter über Grundbesitz in den Städten Jerusalem und Akkon. 1187 ging ein Großteil des Besitzes im Heiligen Land verloren, als Saladin das Heer der Kreuzfahrerstaaten vernichtend schlug. Die Johanniter konnten nur die Burgen Margat und Crac des Chevaliers im Norden halten. 1244 ging Jerusalem endgültig verloren. In der zweiten Hälfte des 13. Jahrhunderts eroberten die ägyptischen Mameluken die noch in christlicher Hand verbliebenen Städte und Burgen im Heiligen Land. 1271 mussten die Johanniter nach langer Belagerung den Crac des Chevaliers räumen. Der letzte Rückzugsort im Heiligen Land war die Hafenstadt Akkon, die erbittert verteidigt, aber 1291 von Sultan Qalaun erobert wurde.

Der Untergang der Kreuzfahrerstaaten und der Fall der letzten christlichen Besitzungen im Heiligen Land erforderte eine Neuorientierung des Ordens. Zuflucht fand der Orden zunächst auf der Insel Zypern, wo die Johanniter über Grundbesitz verfügten. 1296 wurde auf Limassol in Zypern ein neues Hospital errichtet. 1292 begann der Orden, eine eigene Flotte aufzubauen, um christlichen Herrschern im Mittelmeerraum zu helfen und muslimische Angriffe abzuwehren. Dadurch verlagerte sich der militärische Einsatz des Ordens vom Land aufs Wasser. Versuche, durch ein Bündnis mit den Mongolen ins Heilige Land zurückzukehren, scheiterten. Die Erwerbung von Rhodos und der Dodekanes-Inseln erlaubte dem Orden daher, eine neue Machtbasis im östlichen Mittelmeerraum aufzubauen.

Die Stadt Rhodos mit ihren Häfen. Buchmalerei aus Gauillaume Caoursins „Obsidionis Rhodiae urbis descriptio", 1480

Der Johanniterstaat auf Rhodos und den Dodekanes-Inseln

Der aus Genua stammende Pirat Vignolo de Vignoli schlug dem Johanniterorden ein Bündnis zur Eroberung der Dodekanes-Inseln vor. Er gab vor, vom byzantinischen Kaiser Andronikos II. (1259–1332) die Inseln Kos und Leros sowie ein Lehen auf Rhodos erhalten zu haben, und forderte für seine Beteiligung ein Drittel der Inseln Rhodos und Kos sowie die Insel Leros. Den Rest dürfe der Orden behalten. Großmeister Foulques de Villaret stimmte zu, weil der Johanniterorden auf Zypern keine Handlungsfreiheit besaß. Der Besitzerwerb in der Ägäis versprach eine politische

und wirtschaftliche Absicherung des heimatlos gewordenen Ordens. Im Sommer 1306 landeten Ordensritter auf Rhodos, wo sie zunächst die Burgen Feraklos und Filerimos einnahmen. In den folgenden Jahren wurden die übrigen Teile der Insel von den Byzantinern erobert – zuletzt im Sommer 1309 die Hafenstadt Rhodos. Foulques de Villaret verlegte den Sitz des Johanniterordens dorthin, nachdem er die Zustimmung des Papstes, der Könige von Frankreich und England sowie der Genuesen zu diesem Besitzerwerb eingeholt hatte. Nach und nach konnten auch die anderen Inseln der Dodekanes erobert werden – bis auf Karpathos und Kassos, die sich im Besitz der venezianischen Familie Cornaro befanden, und Astypalea, das zum venezianischen Herzogtum Naxos gehörte.
Der Johanniterorden baute auf den Dodekanes-Inseln einen eigenen Ordensstaat auf und war damit erstmals eine eigenständige politische Macht – anders als im Heiligen Land, wo der Orden den Kreuzfahrerstaaten gedient hatte. Die Großmeister waren seitdem souveräne Herrscher. Mit Rhodos fand der Johanniterorden eine ideale Organisationsbasis. Die Lage im östlichen Mittelmeer, nahe der Küste Kleinasiens, ermöglichte es, mit einer eigenen Flotte in das Geschehen im Mittelmeer einzugreifen, Handelsrouten zu kontrollieren, den Seeweg ins Heilige Land zu sichern und gegen die muslimischen Eroberer vorzugehen. Die Inseln dienten als Stützpunkt im Kampf gegen die osmanischen Türken, die große Teile Anatoliens eroberten und ein islamisches Großreich schufen, und gegen die Mameluken in Ägypten, die im 14. Jahrhundert die stärkste politische Macht im östlichen Mittelmeerraum bildeten. Auch gegen die muslimischen Emirate in Kleinasien und Nordafrika sowie die Korsaren, die durch Raubzüge das Mittelmeer unsicher machten, gingen die Ordensritter vor.
Das wirkungsvollste Mittel, um die Macht auf See und im Küstenraum zu erlangen, waren Kriegsschiffe. Die Johanniter wie auch die anderen Mittelmeermächte bevorzugten Galeeren. Das waren Schiffe, die durch menschliche Kraft bewegt wurden. Man nutzte Rudersklaven, die bei Kriegszügen und durch Piraterie erbeutet wurden. Im flachen Rumpf waren links und rechts Ruderbänke angeordnet, und an diese waren jeweils vier bis sechs Ruderskla-

Modell einer Galeere des Johanniterordens

ven gekettet. Der Orden hatte keine Bedenken, sich an Sklaverei und Piraterie zu beteiligen – alle Kriegsparteien nutzten diese Mittel, nicht nur die Korsaren, sondern auch die italienischen Seerepubliken und die muslimischen Staaten. Auf Beutefahrten wurden fremde Handels- und Kriegsschiffe gekapert und ausgeraubt. Der Johanniterorden setzte seine Flotte nur gegen muslimische Schiffe ein und nahm die Besatzungen gefangen, um sie als Rudersklaven einzusetzen.

Die Johanniter beherrschten nicht nur die Inseln und einen Teil des östlichen Mittelmeerraums, sondern nutzten diese Machtbasis auch für wiederholte Angriffe auf das muslimisch beherrschte Festland. 1344 konnte mit Smyrna (heute Izmir, Türkei) ein Stützpunkt an der kleinasiatischen Küste gewonnen werden. Smyrna ging 1402 verloren, doch dafür errichtete der Orden nahe der antiken Stadt Halikarnassos 1407/08 die Festung St. Peter (heute Bodrum, Türkei), die bis zum Ende der Ordensherrschaft als Außenposten des Ordensstaates gehalten werden konnte. Mehrfach beteiligte sich der Johanniterorden an Kreuzzugsunternehmen, die aber alle scheiterten. 1365 gelang die Eroberung von Alexandria, doch musste sich das dort gelandete Heer nach der Plünderung der ägyptischen Metropole wieder zurückziehen. Trotz der muslimischen Herrschaft in Palästina gab es weiterhin Pilgerreisen ins Heilige Land. Die Pilger starteten in Venedig oder anderen italienischen Häfen. Ihre Schiffe hielten auf der Hin- und Rückfahrt meist auf Rhodos. Die Johanniter betrieben, ihrem ursprünglichen Auftrag entsprechend, Hospitäler auf Rhodos, in denen sie Pilger verpflegten und Kranke versorgten.

Als die Johanniter nach Rhodos kamen, hatte die Insel eine griechische Bevölkerung, die seit der Zeit der byzantinischen Herrschaft orthodoxen Glaubens war. Die orthodoxe Kirche hatte sich im 11. Jahrhundert endgültig von der Papstkirche in Rom getrennt. Die Johanniter gehörten genau dieser, der „lateinischen" Kirche an, was zu Konflikten führen musste. Die griechisch-orthodoxe Kirchenorganisation blieb bestehen, doch konnte das Amt des Metropoliten (Erzbischofs) nicht mehr besetzt werden. Die 1439 auf dem Konzil von Ferrara und Florenz beschlossene Kirchenunion hatte zur Folge, dass der Großmeister einen Metropoliten als Oberhaupt der mit Rom unierten griechischen Kirche einsetzte. Dieser musste dem Papst und dem Großmeister Treue schwören. Dafür wurde der griechisch-orthodoxe Ritus nicht angetastet.

Die Griechen und die „Lateiner" waren weitgehend gleichgestellt. Unter dem letztgenannten Begriff sind die Inselbewohner zu verstehen, die dem katholischen Glauben angehörten. Neben den Ordensrittern gab es auf Rhodos auch zahlreiche nichtgriechische Bewohner. Vor allem Bürger der italienischen Stadtstaaten Genua, Florenz und Venedig hatten sich auf der Insel niedergelassen. Sie vertraten Bank- und Handelshäuser, waren an Geldgeschäften des Ordens beteiligt und organisierten den Fernhandel. Daneben gab es vereinzelte europäische Siedler, die Güter übernommen hatten und Landwirtschaft betrieben. Der Orden konnte aber nur wenige Kolonisten anwerben, so dass ein Mangel an landwirtschaftlichen Arbeitskräften bestand.

Unter den Kaufleuten befanden sich auch Griechen und Juden. Im 15. Jahrhundert bildete sich eine Klasse wohlhabender Kaufleute heraus. Diese bauten im Stadtgebiet von Rhodos ihre eigenen Häuser und Kirchen. Schon bald nach der Inbesitznahme der Insel hatten die Johanniter 37 jüdische Familien aus Spanien zur Übersiedlung nach Rhodos gewinnen können. Die Juden lebten

Johanniterkreuz und Johanniterwappen

Johanniterkreuz in der Kapelle Agios Georgios Chostos in Filerimos

Das bekannteste Symbol des Johanniter- und Malteserordens ist das achtspitzige Kreuz. Es soll der Überlieferung nach dem Wappen der Seerepublik Amalfi entnommen worden sein. Die ältesten Siegel des Ordens zeigen verschiedene Kreuzformen, nicht jedoch das achtspitzige Kreuz, so dass von einer späteren Einführung wohl im 15. Jahrhundert auszugehen ist. Wie Buchillustrationen des ausgehenden 15. Jahrhunderts zeigen, trugen die Ordensritter damals bereits schwarze Mäntel mit einem aufgelegten weißen Kreuz mit acht Spitzen. Zudem zeigt das Fresko über dem Altar der Kapelle Agios Georgios Chostos auf dem Berg Filerimos aus dem 15. Jahrhundert eine Frühform des achtspitzigen Kreuzes. Auf Wappen und Siegeln verwendete der Orden weiterhin ein weißes Balkenkreuz auf rotem Grund. Auch die Wappen der Großmeister an den Johanniterbauten der Insel Rhodos enthalten stets nur das einfache Balkenkreuz.

Im 16. Jahrhundert setzte sich das achtspitzige Kreuz als eingängiges Symbol durch. Das Kreuz steht für den Kreuzestod Jesu Christi und damit für den Auftrag, in der Nachfolge Christi zu handeln. Die acht Spitzen symbolisieren nach späterer Deutung die acht Seligpreisungen. Den vier Balken des Kreuzes werden die vier Kardinaltugenden Weisheit, Gerechtigkeit, Tapferkeit und Mäßigung zugeordnet.

Der Johanniter- und der Malteserorden und die Ordenswerke verwenden heute gleichermaßen ein weißes Kreuz auf rotem Grund. Die Ordensmäntel sind schwarz und tragen ein weißes achtspitziges Kreuz. Auch der Orden selbst, der an die Ordensritter verliehen wird, hat die Form des Johanniterkreuzes.

vor allem von Geldgeschäften. Es gab aber auch jüdische Ärzte, die im Hospital des Johanniterordens wirkten. Die jüdische Bevölkerung lebte in einem eigenen Viertel nahe der Stadtmauer. In der zweiten Hälfte des 15. Jahrhunderts verschlechterte sich ihre Lage. Man warf den Juden vor, mit den Türken zu kollaborieren. 1503 beschloss der Orden die Ausweisung der Juden. Wer in die Taufe einwilligte, durfte bleiben, doch herrschte gegenüber den Zwangsgetauften großes Misstrauen.

Der Johanniterorden wirtschaftete sehr erfolgreich. Bereits auf Zypern hatte er seit dem 13. Jahrhundert den Anbau von Zuckerrohr betrieben. Dieses erfolgreiche Wirtschaftsmodell wurde auch auf Rhodos übertragen. Der aus Zuckerrohr gewonnene Zucker war ein rares und daher wertvolles Handelsgut. Darüber hinaus wurde Getreide angebaut. Die landwirtschaftliche Eigenproduktion reichte aber nicht für die Selbstversorgung der Inselbevölkerung aus, so dass Getreide – etwa aus Sizilien oder Ägypten – importiert werden musste.

Die größte Stadt auf Rhodos war – wie heute – die gleichnamige Hafenstadt im Norden der Insel. Hier befanden sich der wichtigste Hafen des Ordensstaats, das Verwaltungszentrum des Johanniterordens, die Ordenskirche St. Johannes und das Hospital. Zudem war die Stadt ein bedeutender Umschlagplatz des Handels im östlichen Mittelmeer. Die Schiffe ankerten im Handelshafen in einem von Molen eingefassten Hafenbecken. Die Zufahrt konnte mit einer Kette verschlossen werden. Seit 1462 erhob der Johanniterorden von allen einfahrenden Schiffen eine „Kettensteuer". Zwei Prozent des Warenwertes waren für den Ausbau der Befestigungsanlagen abzuführen.

An den Handelshafen schloss sich der Mandraki-Hafen an, der von der St. Nikolaus-Mole mit dem St. Nikolaus-Turm gesichert wurde. Die Stadt hatte man auf Land- und Seeseite mit starken Mauern umgeben. Diese wurden wiederholt ausgebaut und verstärkt. Zudem unterhielt der Orden auf der Insel weitere Burgen und Festungen. Diese wurden meist auf markanten Bergen errichtet, von denen aus man einen weiten Blick in die Ägäis hatte. Diese Burgen wie auch kleinere Wachttürme ermöglichten es, Angreifer rechtzeitig zu erkennen. Die kleineren Inseln waren ebenfalls durch Burgen gesichert. Diese oft weithin sichtbaren Bauten machten kenntlich, dass der Johanniterorden die Herrschaft ausübte, und erlaubten eine Kontrolle der Seewege zwischen den Inseln.

Die militärischen Befestigungen waren notwendig, weil sich die Johanniter gegen Angriffe muslimischer Herrscher wehren mussten. Die Mameluken, die in Ägypten und Syrien herrschten, bedrohten im 15. Jahrhundert den Ordensstaat. 1440 unternahm ihre Flotte einen Angriff auf Rhodos. Die Ordensritter stellten sich mit sieben Galeeren und zehn weiteren Schiffen entgegen und konnten erreichen, dass die feindlichen Schiffe wieder abzogen. 1443 operierte erneut eine mamelukische Flotte in den Gewässern vor Rhodos. Stadt und Insel wurden im August und September 1443 vierzig Tage belagert, doch die Ritter behaupteten sich und erzwangen einen Waffenstillstand.

Der Machtzuwachs der osmanischen Türken brachte eine noch stärkere Bedrohung. Die Osmanen hatten weite Teile des Byzantinischen Reichs erobert und sich auch auf dem Balkan und in Griechenland festgesetzt. 1453 fiel Konstantinopel in ihre Hände. 1454 forderte Sultan Mehmed II. (1432–1481) von Meister Jean de Lastic die Zahlung von Tribut, und als der Orden das ablehnte, plünderten die Türken drei Inseln und den Süden von Rhodos. 1462 wurde ein Waffenstillstand geschlossen. Es folgten weitere, die aber immer wieder gebrochen wurden.

Die Ordensleitung war sich der permanenten Bedrohung bewusst und verstärkte daher die Mauern der Stadt Rhodos. Ende 1479 erschien eine osmanische Flotte vor Rhodos, die Truppen aussetzte. Nach weiteren Truppenlandungen begann am 23. Mai 1480 die Belagerung von Rhodos. Mehrere tausend türkische Soldaten versuchten, den Nikolausturm am Hafen zu erobern und Breschen in die Stadtmauer zu schlagen. Rund 300 Ritterbrüder und 3.000 bis 4.000 Söldner aus Italien und Frankreich verteidigten die Inselhauptstadt. Den Türken gelang zwar ein Einbruch in die Mauer, doch konnten die Verteidiger ein Eindringen des Gegners verhindern, und die hohen Verluste bewogen Mehmed II., die Belagerung abzubrechen. Am 17. August 1480 zogen die letzten türkischen Verbände ab.

Belagerung der Stadt Rhodos durch die Türken. Buchmalerei aus Gauillaume Caoursins „Obsidionis Rhodiae urbis descriptio", 1480

Nach diesem gefährlichen Angriff besserte sich die Lage, weil sich die Söhne Mehmeds II. um die Macht stritten. Die Johanniter verbündeten sich mit Dschem (auch Cem, Djem, Zizim, 1459–1495), der seinen älteren Bruder Bayezid II. (1447–1512) unterlegen war und nun auf Rhodos Asyl suchte. Der osmanische Prinz wurde mit großen Ehren aufgenommen. Er erhielt ein Haus zugewiesen, wurde aber dann, weil Rhodos nicht als sicher galt, nach Frankreich gebracht. Mit Dschem hatte der Johanniterorden eine prominente Geisel in seine Hand bekommen. So konnten Verhandlungen mit Bayezid II. erzwungen werden. Der Sultan zahlte einen Unterhalt für seinen Bruder und sicherte dem Orden den freien Handel auch auf türkischem Gebiet zu.
Nachdem auch ein Friedensschluss mit dem mamelukischen Sultan erreicht war, konnte Großmeister Pierre d´Aubusson ein großes Bauprogramm in Angriff nehmen. Die Mauern um Rhodos wurden nochmals verstärkt, die Burgen und Festungen auf Rhodos und den anderen Inseln ausgebaut. 1501 beteiligte sich der Johanniterorden an der christlichen Liga aus Venedig, Frankreich, Spanien und Portugal, die die Türken zurückzudrängen versuchte. Diese Allianz hatte keinen Erfolg; das Osmanische Reich wurde immer stärker. 1516/17 eroberte Sultan Selim I. (1470–1520) Syrien und Ägypten, womit das Mamelukenreich unterging.
Sultan Süleyman I. (1494–1566) setzte die aggressive Politik seines Vaters fort. Er eroberte Belgrad, besetzte einen großen Teil Ungarns und belagerte Wien. Die militärische Expansion betraf auch das Mittelmeer. Am 24. Juni 1522 traf eine türkische Flotte aus 400 Schiffen auf Rhodos ein. Süleyman I. brachte starke Verbände sowie Artillerie vom türkischen Festland auf die Insel. Über 100.000 Mann schlossen die Inselhauptstadt ein und beschossen diese mit Kanonen. Der Orden verteidigte die Stadt mit rund 600 Rittern, 500 genuesischen Seeleuten, 400 Söldnern aus Kreta und einigen tausend Stadtbewohnern. Sie konnten die heftigen Angriffe und zahlreiche Versuche, die Stadtmauern zu unterminieren, abwehren, doch nach einem halben Jahr gingen Vorräte und Munition zu Ende. Zudem verlangte die Stadtbevölkerung, den Kampf aufzugeben, weil sie befürchtete, nach einem osmanischen Erfolg getötet oder versklavt zu werden.

Unter dem Druck der Stadtbewohner entschlossen sich die Verteidiger zur Kapitulation. Großmeister Philippe Villers de I´Isle-Adam übergab Rhodos zu Weihnachten 1522 an einen türkischen Offizier. Bei den Übergabeverhandlungen versprach Süleyman I. den Mitgliedern des Ordens freien Abzug. Die Kirchen sollten nicht entweiht werden, die Ausübung der christlichen Religion sollte gewährleistet bleiben. Die Bewohner der Stadt erhielten die Zusage, nicht gefangen genommen zu werden und innerhalb von drei Jahren Rhodos ungehindert verlassen zu dürfen. Am Neujahrstag 1523 verließen der Großmeister, etwa 180 Ordensritter und mehrere tausend Stadtbewohner auf 50 Schiffen die Insel. Bald darauf ergaben sich auch die anderen Inseln, soweit sie nicht bereits in türkische Hand gefallen waren, sowie die Festung St. Peter auf dem kleinasiatischen Festland. Der Johanniter-Ordensstaat war vernichtet.

Das osmanische Rhodos

Die Ausschaltung der Johanniter als Machtfaktor im östlichen Mittelmeer bedeutete für Rhodos einen wirtschaftlichen und politischen Niedergang. Die Handelsrouten veränderten sich, zudem blieben die Pilger aus, die auf dem Weg ins Heilige Land in Rhodos Station gemacht hatten. War Rhodos vor 1523 die Hauptstadt eines souveränen Staats, so sank der Ort nun zu einer kleinen Provinzstadt innerhalb des riesigen Osmanischen Reiches herab. Hier befand sich der Verwaltungssitz des Wilajets Ägäis.

Die osmanische Besitzergreifung ging mit einer Islamisierung der Insel einher. Die christlichen Kirchen in Rhodos wurden geschlossen oder in Moscheen umgewandelt. Aus der Konventskirche St. Johannis wurde die Hauptmosche von Rhodos. Innerhalb der Stadtmauern durften nur noch Einwohner islamischen Glaubens leben, und die griechischen Bewohner mussten in die Vorstädte ausweichen. Türkische Siedler islamischen Glaubens zogen nach Rhodos. Zudem gab es eine türkische Garnison, die im früheren Großmeisterpalast stationiert wurde. Allerdings blieben die griechischen Bewohner in der Mehrheit. Daneben gab es einen jüdischen Bevölkerungsanteil. Es waren Juden spanischer Herkunft,

Blick über die Altstadt von Rhodos, im Vordergrund die Süleiman-Moschee

die sich in der Mischsprache Ladino verständigten.

Aus der türkischen Zeit sind mehrere Moscheen im osmanischen Baustil – Kuppelmoscheen mit einzeln stehenden schlanken Minaretten – erhalten geblieben. Das größte islamische Gotteshaus ist die **Süleiman-Moschee** nahe dem Großmeisterpalast. Auch das höchste Gebäude der Altstadt, der **Uhrenturm**, stammt aus der osmanischen Epoche. Er wurde 1856 erbaut und ist im Stil westeuropäischer Architektur gestaltet. Die Säulenstellungen sind barocken Vorbildern entlehnt. Die Ziffernblätter der vier Uhren sind mit arabischen Zahlen beschriftet.

Die **Johanniterkirche** neben dem Großmeisterpalast war in eine Moschee umgewandelt worden, der Glockenturm diente der türkischen Garnison als Pulverlager. Am 6. November 1856 löste ein Blitzschlag dort eine heftige Explosion aus, bei der viele Menschen starben. Auch der Großmeisterpalast und die Kirche wurden dabei fast vollständig zerstört.

Die türkische Epoche endete nach knapp vierhundert Jahren zu Beginn des 20. Jahrhunderts, als sich die europäischen Mächte Teile des geschwächten Osmanischen Reiches aufteilten.

Gouverneurspalast am Mandraki-Hafen in Rhodos

Rhodos unter italienischer Herrschaft

Im April und Mai 1912 wurden die Inseln vor der kleinasiatischen Küste – mit Ausnahme von Kastelorizo – während des Italienisch-Türkischen Krieges von italienischen Truppen besetzt. Das Königreich Italien strebte – in Nachfolge des Römisches Reichs – die Herrschaft über den Mittelmeerraum an, konnte diesen Anspruch aber nur gegen das geschwächte Osmanische Reich durchsetzen. Nach dem Friedensvertrag von Ouchy vom 18. Oktober 1912 erhielt Italien das bisher osmanische Libyen, musste aber dafür die Ägäisinseln wieder an das Osmanische Reich zurückzugeben. Italien hielt sie aber als Garantie für die Vertragsvereinbarungen weiterhin besetzt.

Italien war im Ersten Weltkrieg anfangs neutral geblieben, trat dann aber auf Seiten der Entente in den Krieg ein – unter anderem gegen die Zusicherung, die Inseln des Dodekanes zu vollem Eigentum zu erhalten. Daraufhin erklärte Italien am 20. August 1915 dem Osmanischen Reich den Krieg. Das Königreich Italien als Siegermacht des Weltkriegs konnte im Vertrag von Sèvres vom 10. August 1920 durchsetzen, dass das Osmanische Reich in die Abtretung der Dodekanes-Inseln einwilligte. Das war gegen die Interessen der griechischen Bevölkerung wie auch der anderen Großmächte, die eine Übergabe der Inseln an Griechenland befürworteten. Italien wollte aber unbedingt zur Mittelmeermacht werden und keinesfalls auf einen Standort im östlichen Mittelmeer verzichten. Die Vorherrschaft im Mittelmeerraum war ausdrückliche Politik der italienischen Faschisten um Benito Mussolini (1883–1945), die 1922 die Macht in Italien übernommen hatten. Auf Griechenland, das gerade den Krieg in Anatolien verloren hatte, glaubte man keine Rücksicht nehmen zu müssen. Im Vertrag von Lausanne vom 24. Juli 1923, der den Umgang der europäischen Mächte mit dem neuen türkischen Nationalstaat regelte, wurden die Inseln zum italienischen Besitz erklärt. Die italienische Herrschaft, die faktisch schon elf Jahre bestand, erhielt dadurch ihre völkerrechtliche Anerkennung. In die Regelung wurde auch die Insel Kastelorizo einbezogen. Sie war seit dem 28. Dezember 1915 von Frankreich besetzt und wurde zum 1. März 1921 an Italien abgetreten.

Da die Dodekanes-Inseln nicht zu Griechenland gehörten, waren sie nicht vom Bevölkerungsaustausch betroffen, den die Großmächte 1923 vereinbart hatten. Bei dieser „ethnischen Säuberung" wurden die griechischen Bewohner Kleinasiens nach Griechenland und die muslimischen Einwohner Griechenlands in die Türkei zwangsumgesiedelt. Die Türken auf Rhodos – rund 5.000 bis 7.000 Einwohner – konnten unter italienischer Herrschaft auf der Insel bleiben.

Die Dodekanes-Inseln bildeten keine Kolonie. Sie gehörten als Italienische Ägäis-Inseln (Isole italiane dell´Egeo) zum Königreich Italien und wurden durch einen Gouverneur verwaltet. Allerdings erhielten die Einwohner eine gesonderte italienische Staatsbürgerschaft ohne das Recht zur Wahl von Repräsentanten.

Die Verwaltung war vollständig in italienischer Hand. Als Gouverneure amtierten von 1922 bis 1936 Mario Lago (1878–1950), von 1936 bis 1940 Cesare Maria de Vecchi (1884–1959), gefolgt von Ettore Bastico (1876–1872) und Inigo Campioni (1878–1944). Die Inselverwaltung förderte den Zuzug von Italienern, weil man hoffte, den Inseln ein vollständig italienisches Gepräge geben zu können. 1936 zählte man 7.015 Italiener – das waren rund fünf Prozent der insgesamt 129.135 Einwohner. Die meisten italienischen Zuwanderer lebten auf Rhodos. Italienisch war Pflichtsprache. Alle

Inseln und Orte hatten italienische Namen erhalten. Die Italiener investierten stark in die Infrastruktur der Hauptinsel Rhodos wie auch der Insel Leros, die zum Flottenstützpunkt ausgebaut wurde, und der Insel Kos. Bei ihren Bauten in Rhodos griffen sie bewusst auf die Johanniter-Geschichte zurück. Diese diente als Begründung und Legitimation für eine westlich-italienische Herrschaft in der griechischen Ägäis. Diese Argumentation vernachlässigte, dass der Johanniterorden keine italienische Einrichtung war, sondern Ritter verschiedenster Zungen umfasste, betonte dafür aber den römisch-katholischen Glauben der Ordensritter, der den italienischen Kolonisten eine starke Identifikation bot.

Ab den 1920er Jahren erfolgten umfangreiche archäologische Forschungen an den Orten der Johanniter, verbunden mit dem Wiederaufbau zerstörter Gebäude teilweise in freier Rekonstruktion. Während die **Ritterstraße** in Rhodos (Stadt) weitgehend authentisch wiederhergestellt wurde, da man hier auf noch vorhandene Bausubstanz zurückgreifen konnte, stellt der **Großmeisterpalast** eine weitgehende Erfindung dar. Er wurde als in der Johannitertradition stehendes Gebäude als Symbol italienischer Herrschaft errichtet. Die neue italienische **Kathedrale San Giovanni** am Hafen wurde der 1856 zerstörten Johanniterkirche nachempfunden. Auch in Filerimos, wo italienische Franziskaner ein Kloster gründeten, entstanden neue, aber alt aussehende „Johanniterbauten". Eine zweite Strategie, die Zugehörigkeit der Inseln zu Italien zu begründen, war neben dem Bezug auf die Johanniter die Erinnerung an die venezianische Herrschaft im östlichen Mittelmeerraum. So zitiert der **Gouverneurspalast** am Hafen, neben der Kathedrale, den venezianisch-gotischen Baustil des Dogenpalasts in Venedig. An der Hafeneinfahrt des Mandraki-Hafens wurden **zwei Säulen** errichtet, die an die Säulen auf dem Markusplatz in Venedig erinnern. Die großen Bauprojekte der 1920er und 1930er Jahre bezweckten, Rhodos zu einer unverkennbar italienischen Insel zu machen.

Italien schied 1943 aus dem Bündnis mit dem Deutschen Reich aus. Dieser Frontenwechsel hatte zur Folge, dass deutsche Truppen das italienische Festland und die von Italien eroberten Gebiete besetzten – darunter auch die Dodekanes-Inseln. Damit endete die italienische Periode nach nur 31 Jahren.

Mandraki-Hafen mit der Kathedrale San Giovanni und dem Gouverneurspalast

Deutsche und britische Besatzung

Nach der Kapitulation Italiens zielten die britischen Truppen auf eine schnellstmögliche Besetzung der Dodekanes-Inseln, um dadurch eine Landungsbasis für Operationen gegen die besetzten Balkanländer zu gewinnen. Am 8. September 1943 kapitulierte die italienische Garnison auf Kastelorizo gegenüber britischen Einheiten. Um zu verhindern, dass weitere Inseln in britische Hände gelangen, wurden deutsche Einheiten der Heeresgruppe E mobilisiert. Die von Generalleutnant Ulrich Kleemann (1892–1963) kommandierte Sturm-Division Rhodos übernahm die Kontrolle über die Insel Rhodos, entwaffnete die italienische Garnison und nahm den italienischen Gouverneur Inigo Campioni gefangen. Das 40.000 Mann starke italienische Kontingent kapitulierte am 11. September 1943. Die Briten konnten zunächst die Inseln Kos, Kalymnos, Samos, Leros, Symi und Astypalea besetzen, mussten sich aber nach deutschen Luftangriffen zurückziehen. Britische Angriffe auf Rhodos, Kos und Leros schlugen fehl.

Die deutschen Besatzer settzen ihre „radikale Lösung der Judenfrage" auch auf den Ägäisinseln durch. 1.673 jüdische Einwohner von Rhodos wurden enteignet und in Vernichtungslager deportiert. Nur etwa 100 Juden überlebten das Kriegsende.
Im Juli 1944 wurde Otto Wagener (1888–1971), ehemals Wirtschaftsberater Adolf Hitlers, zum Kommandanten Ost-Ägäis und zum Militärgouverneur der Dodekanes-Inseln berufen. Er kommandierte rund 6.000 Mann, die mit großer Brutalität gegen italienische Kriegsgefangene und die einheimische Bevölkerung vorgingen. Schon geringste Diebstähle oder unbedachte politische Äußerungen wurden mit Erschießungen geahndet.
Die deutschen Truppen mussten aufgrund des Vormarschs der Roten Armee das griechische Festland und den Balkan aufgeben, konnten die Ägäisinseln aber bis zu den letzten Kriegstagen halten. Am 8. Mai 1945 übergab Generalmajor Otto Wagener auf Symi die Dodekanes-Inseln an die Briten.
Rhodos und die umliegenden Inseln unterstanden in den folgenden beiden Jahren einer britischen Militärverwaltung. Auf der Pariser Friedenskonferenz 1946 einigten sich die Siegermächte, die Inseln nicht wieder an Italien auszuhändigen. Zum 15. September 1947 trat Italien die Ägäisinseln an Griechenland ab. Die formelle Vereinigung mit dem Königreich Griechenland wurde am 7. März 1948 vollzogen. Die italienischen Siedler mussten Rhodos verlassen. Die italienischen Verwaltungsbauten übernahm der griechische Staat, zahlreiche katholische Kirchen wurden in griechisch-orthodoxe Gotteshäuser umgewandelt. Italienisch verschwand als Verwaltungssprache und wurde auch nicht mehr in den Schulen unterrichtet. Italienische Bezeichnungen wurden durch griechische ersetzt. Bis heute ist die italienische Periode auf Rhodos weitgehend verdrängt, weil die griechischen Einwohner sie als eine überwundene Fremdherrschaft betrachten.

Der Johanniterorden nach dem Verlust von Rhodos

Durch den Verlust von Rhodos wurde der Johanniterorden heimatlos. Er hatte keine Basis und keinen zentralen Sitz mehr. Die geflüchteten Ritter ließen sich auf Kreta nieder und zogen sich auf die Besitzungen des Ordens in den verschiedenen europäischen Ländern zurück.

1530 übergab Kaiser Karl V. dem Johanniterorden die Inseln Malta und Gozo südwestlich von Sizilien als Lehen. Malta bot sich – ebenso wie Rhodos – als Ausgangspunkt für Seeoperationen an. Die Johanniter befestigten Malta und bauten wieder eine Flotte auf, mit der sie Handelsschiffe der muslimischen Staaten überfielen. Die ebenfalls dem Orden übergegebene nordafrikanische Stadt Tripolis ging bereits 1551 an einen türkischen Korsaren verloren. 1565 griffen die Osmanen Malta an. Die Johanniter konnten sich in der für beide Seiten äußerst verlustreichen Belagerung knapp behaupten. In den folgenden Jahren wurde Malta durch Festungen weiter verstärkt. Die Johanniter auf Malta trugen mit dazu bei, dass die Vormachtstellung des Osmanischen Reichs im Mittelmeer gebrochen wurde. Die Verlegung der Ordenszentrale nach Malta führte dazu, dass sich der Name „Malteser" durchsetzte.

Die Französische Revolution verursachte 1792 den Verlust aller französischen Besitzungen, was den Orden enorm schwächte. 1798 erschien eine französische Flotte unter Napoleon Bonaparte auf Malta, der es gelang, die Insel zu erobern. Dadurch mussten sich der Großmeister und die Ordensritter abermals von einer Insel zurückziehen. 1806/08 enteigneten die Rheinbund-Staaten den gesamten Ordensbesitz des deutschen Großpriorats. Diese Ereignisse stürzten den Orden in seine größte Krise. 1798 wurde Zar Paul I. (1754–1801), obwohl russisch-orthodoxen Glaubens, zum Großmeister gewählt, sodass der Orden in St. Petersburg eine Zuflucht fand. Doch wurde der Zar 1801 ermordet und der russisch-orthodoxe Ordenszweig wieder aufgelöst. Seit 1805 wurden keine Großmeister, sondern nur noch Statthalter gewählt. Ab 1834 befindet sich der Ordenssitz in Rom.

In der zweiten Hälfte des 19. Jahrhunderts organisierte sich der katholische Malteserorden neu. Er kehrte auch zu seiner ursprünglichen Aufgabe, der Krankenpflege, zurück. 1879 wurde erstmals wieder ein Großmeister berufen. Inzwischen hatten sich in verschiedenen europäischen Ländern Assoziationen katholischer Ordensritter gebildet. In ihnen schlossen sich Laien zusammen, die keine monastischen Gelübde abgelegt hatten, aber im Sinne des Ordens leben und wirken wollten. Dadurch wurde der Malteserorden zu einem katholischen Laienorden. In Deutschland entstanden die Genossenschaft der Rheinisch-Westfälischen Devotionsritter und der Verein Schlesischer Malteserritter als öffentlich-rechtliche Körperschaften. Diese Assoziationen gründeten Krankenhäuser und andere soziale Einrichtungen. Aufgenommen wurden bis in die zweite Hälfte des 20. Jahrhunderts nur männliche Angehörige von Adelsfamilien.

Obwohl der Orden seit 1798 kein Staatsgebiet mehr hat, wird er im internationalen Völkerrecht als souveränes nichtstaatliches Völkerrechtssubjekt betrachtet. Das bedeutet, dass er die Rechte eines Staates besitzt, ohne ein Staatsgebiet zu haben. 107 Staaten, darunter seit 2017 auch die Bundesrepublik Deutschland, unterhalten diplomatische Beziehungen zum Malteserorden. Seit 1961 prägt der Orden eigene Münzen (1 Scudo = 12 Tari = 240 Grani), doch hat die Ordenswährung in der Finanzwelt keine praktische Bedeutung. Seit 1966 werden eigene Briefmarken herausgegeben.

Durch die Reformation entstand ein eigenständiger evangelischer Zweig des Johanniterordens, der sich auf die gleiche Abstammung berufen kann und der im 19. und 20. Jahrhundert eine ähnliche Entwicklung wie der katholischer Malteserorden nahm. Im deutschen Großpriorat traten zahlreiche Ordensritter zur Lehre Martin Luthers über. Das betraf vor allem die Ballei Brandenburg. Diese wurde seit dem 14. Jahrhundert von einem Herrenmeister geleitet und stand unter der Kontrolle der brandenburgischen Hohenzollern. Als 1528 Kurfürst Joachim II. von Brandenburg den lutherischen Glauben annahm, folgten ihm auch der Herrenmeister Veit von Thümen (vor 1511–1543) und die ihm unterstehenden Ordensritter. Während die Klöster aufgelöst wurden, blieben die Kommenden der Ballei Brandenburg bestehen. Es wurden weiter-

hin Ritter aufgenommen, doch galten für sie die monastischen Gelübde nicht mehr. Die Ritter durften heiraten und Kinder haben.
Die Ballei Brandenburg blieb mit der Ordenszentrale in Malta lose verbunden und entrichtete weiterhin ihre Zahlungen. In den Johanniterorden wurden ausschließlich Mitglieder brandenburgischer Adelsfamilien aufgenommen. Seit 1693 gehören die Herrenmeister ununterbrochen der Dynastie der Hohenzollern an. Die Residenz der Herrenmeister befand sich von 1426 bis 1945 in Sonnenburg im östlichen Brandenburg (heute Słónsk in der Woiwodschaft Lebus in Westpolen). 1811 wurde die Ballei Brandenburg aufgehoben und der Ordensbesitz zugunsten des preußischen Staates eingezogen. Doch 1852 stellte König Friedrich Wilhelm IV. von Preußen (1795–1861) die Ballei wieder her. Der Orden organisierte sich in den deutschen Staaten, aber auch in den evangelischen Ländern Europas in Genossenschaften. Die Ordensritter engagierten sich – wie die Malteser – im Gesundheitswesen, bauten Krankenhäuser und einen freiwilligen Sanitätsdienst auf.
Durch den Zweiten Weltkrieg verlor der evangelische Johanniterorden einen Großteil seiner Besitzungen und Krankenhäuser. Der Wiederaufbau nach Kriegsende war mit der Gründung der Johanniter-Unfallhilfe verbunden, die sich von einem kleinen Hilfswerk zu einem „Gesundheitskonzern" mit über 20.000 hauptamtlich Beschäftigten entwickelte. Seit 1948 dürfen Nichtadlige in den evangelischen Johanniterorden aufgenommen werden. Auch der katholische Malteserorden hob die Erfordernis adliger Abstammung auf.
Bis heute stehen fünf Orden in der Nachfolge des mittelalterlichen Johanniterordens: der Ritter- und Hospitalorden vom Heiligen Johannes von Jerusalem von Rhodos und von Malta (Malteserorden), die Balley Brandenburg des Ritterlichen Ordens St. Johannis vom Spital zu Jerusalem (Johanniterorden), Johanniter Orde in Nederland (Johanniterorden in den Niederlanden), Johanniterorden i Sverige (Johanniterorden in Schweden) und Most Venerable Order of the Hospital of St. John of Jerusalem (Order of Saint John). Sie haben sich wechselseitig anerkannt und betrachten sich als Ritterorden des heiligen Johannes mit gemeinsamer Geschichte und gemeinsamen Auftrag, aber mit unterschiedlicher konfessioneller und kirchenrechtlicher Ausgestaltung.

Souveräner Ritter- und Hospitalorden vom Heiligen Johannes von Jerusalem von Rhodos und von Malta (Malteserorden)

Der Malteserorden ist eine katholische Ordensgemeinschaft, die ausschließlich römisch-katholische Mitglieder aufnimmt. Oberhaupt ist ein auf Lebenszeit gewählter Großmeister. Die Ordensmitglieder sind in drei Stände gegliedert. Der erste Stand besteht aus Justizrittern, die das Gelübde der Armut, Keuschheut und Gehorsam abgelegt haben. Der Kreis der Brüder mit vollem Gelübde ist bereits seit dem 19. Jahrhundert sehr klein, doch geht aus ihm die Ordensleitung hervor. Der zweite Stand umfasst Ritter und Damen, die die Promess, ein religiöses Versprechen, abgelegt haben. Männer und Frauen, die weder Gelübde noch Promess ablegen konnten, aber bereit sind, sich für Kirche und Orden einzusetzen, können als Ritter oder Damen in den dritten Stand aufgenommen werden.
Die Deutsche Assoziation umfasst rund 600 Mitglieder vorwiegend aus dem dritten Stand. Die frühere Beschränkung der Mitgliedschaft auf katholische Adelsfamilien ist entfallen. Der Orden betreibt in verschiedenen Ländern soziale Einrichtungen. Das größte deutsche Ordenswerk ist der Malteser Hilfsdienst. Die zahlreichen Einrichtungen der Altenhilfe, der Flüchtlingsbetreuung und des Katastrophenschutzes, die Krankenhäuser, Rettungsdienste und Schulen sind in der Malteser Deutschland gGmbH und der Malteser Werke gGmbH zusammengefasst.

Balley Brandenburg des Ritterlichen Ordens St. Johannis vom Spital zu Jerusalem (Johanniterorden)

Der evangelische Johanniterorden ist ein christlicher Laienorden unter Leitung eines Herrenmeisters. Er ist aus der Ballei Brandenburg des Johanniterordens hervorgegangen und führt weiterhin diesen Namen – in der altertümlichen Schreibweise Balley. Die

4.092 Ritter (2019) gehören jeweils einer Genossenschaft an. Neben 19 deutschen, bestehen fünf außerdeutsche Genossenschaften, die Mitglieder in Finnland, Frankreich, Ungarn, Österreich und der Schweiz vereinen. Die Kommende der Balley umfasst zudem Mitglieder in den USA, Kanada, Australien, Südafrika und anderen Ländern.
Die Mitgliedsstufen des Ordens sind Ehrenritter, Rechtsritter und Kommendator. Die Mitglieder gehören einer evangelischen Kirche an und verpflichten sich zu einer christlichen Lebensweise. Sie treffen sich in regionalen Untergliederungen, den Subkommenden. Eine Aufnahme weiblicher Mitglieder ist nicht möglich, doch haben sich über 700 Frauen aus Pflege- und Gesundheitsberufen zur Johanniter-Schwesternschaft zusammengeschlossen.
Der Johanniterorden ist Träger verschiedener Ordenswerke: Die Johanniter-Unfall-Hilfe erfüllt als Hilfsorganisation verschiedenste soziale Aufgaben. Der gemeinnützige Verein betreibt Rettungswachen, Schulen und Kindergärten und hilft in Katastrophenfällen. Die Johanniter-Krankenhäuser und Altenpflegeeinrichtungen sind in der Johanniter GmbH zusammengefasst.
Die Ordensregierung hat ihren Sitz in Berlin-Lichterfelde. Herrenmeister ist seit 1999 Oskar Prinz von Preußen.

Johanniter Orde in Nederland (Johanniterorden in den Niederlanden)

Königin Wilhelmina der Niederlande (1880–1962) gründete 1909 eine niederländische Genossenschaft innerhalb der Balley Brandenburg des Johanniterordens. Nach dem Zweiten Weltkrieg wurden alle Verbindungen zu den deutschen Rittern und dem Herrenmeister gekappt und durch königliches Dekret ein rein niederländischer Johanniterorden errichtet. In den Orden können nur niederländische Adlige aufgenommen werden, die sich zum protestantischen Glauben bekennen.
Der Orden umfasst 630 Ritter und Damen und wird von einem Kapitel geleitet. König Willem-Alexander ist Ehrenkommendator des niederländischen Johanniterordens.

Johanniterorden i Sverige (Johanniterorden in Schweden)

Die schwedische Genossenschaft der Balley Brandenburg wurde 1920 gegründet. In der Folge des Zweiten Weltkriegs erlangte sie ihre Eigenständigkeit. Der seit 1946 bestehende Johanniterorden in Schweden nimmt Männer evangelischen Glaubens auf. Nur Angehörige adliger Familien mit schwedischer Staatsbürgerschaft können Ritter oder Rechtsritter werden. Der Orden steht unter der Leitung eines Kommendators und umfasst rund 400 Mitglieder. Die 2005 nach deutschem Vorbild gegründete Johanniterhjälpen (Johanniterhilfe) führt Hilfseinsätze durch.

Most Venerable Order of the Hospital of St. John of Jerusalem (Order of Saint John)

Im 19. Jahrhundert gab es verschiedene Bestrebungen, den Johanniterorden in England wiederzubeleben. 1888 erhob Königin Victoria das Priorat England des Johanniterordens zu einem souveränen Ritterorden. Das Ordensoberhaupt ist der Monarch der Commonwealth-Königreiche. Die Ordensleitung hat ein Großprior inne, der dem britischen Königshaus angehört. Seit 1974 ist dies Prince Richard, Duke of Gloucester. Der Orden steht Männern und Frauen christlichen Bekenntnisses offen. Die Mehrzahl der Mitglieder gehört der anglikanischen Kirche an, doch sind auch andere Konfessionen zugelassen. Es gibt fünf Ordensstufen: Member (Mitglied), Officer (Offizier), Commander (Kommendator), Knight of Justice (Rechtsritter) und Bailiff (Bailli). Mit der Mitgliedschaft ist – anders als bei den anderen britischen Ritterorden – keine Erhebung in den Adelsstand verbunden. Die rund 25.000 Ordensmitglieder leben in Großbritannien, Irland, in den Commonwealth-Staaten und in den USA und sind in regionalen Commanderies (Kommenden) organisiert. Der Orden erfüllt soziale Aufgaben. Er gründete bereits 1882 eine Augenklinik in der Jerusalemer Altstadt und betreibt seit 1887 die Hilfsorganisation St. John Ambulance, die in 42 Staaten tätig ist. Nach diesem Vorbild wurde 1952 die Johanniter-Unfall-Hilfe gegründet.

Luftaufnahme der Altstadt von Rhodos

RHODOS (STADT)

Rhodos (griechisch Ρόδος, italienisch Rodi, englisch Rhodes) besitzt eine gut erhaltene spätmittelalterliche Innenstadt, in der viele Bauten aus der Zeit des Johanniterordens stammen und die bis heute von der Stadtbefestigung des späten 15. und frühen 16. Jahrhunderts umgeben ist. Als Monument von weltweiter Bedeutung gehört Rhodos seit 1988 zum UNESCO-Weltkulturerbe. Aufgrund der Prägung durch die Johanniter handelt es sich nicht um eine orientalische, sondern um eine westlich-europäische Stadt. Die osmanische Zeit führte nur zu wenigen Eingriffen in das mittelalterliche Gefüge. Prägende architektonische Spuren hinterließen dagegen die Italiener. Sie bauten nicht nur zerstörte Teile der Ritterstadt auf, sondern schufen auch eine Neustadt mit monumentalen Neubauten, die Zugehörigkeit zu Italien demonstrieren sollten.

Αλ. Παπάγου - Al. Papagou
Taxistand
2
1
3
d'Amboise-Tor
24
Großmeisterpalast
4
5
26
27
29
30
31
32
33
39
Antike Werft
Folkmuseum
Alpha
38
35
36
37
19
28
Agia Triada
34
Avalon
25
Ulica Rycarej
Ορφέως - Orfeos
6
St. Georgs-Bastion
St. Georgs-Kloster
Agii Apostoli
Ιπποδάμου - Ippodamou
Hamsa Bei Moschee
Agios Artemios
Suleiman Moustafa Moschee
Πλατεία Αθηνάς Athinas Pl.
Domus Rodos
Olympos
Hotel Ellique
7
Turm
Theater Mittelalterliche Stadt
Mango
46
Ομήρου - Omirou
St. Anargiri
Agia Kyriaki
Ηροδότου - Irodotou
11
10
9
8
12
Τριζίνας
Δημοκρατίας - Dimokratias
Φιλελλήνων - Filellinon
A. Papandreou Park
Agios Frankeskos
Δημοκρατίας - Dimokratias
BP

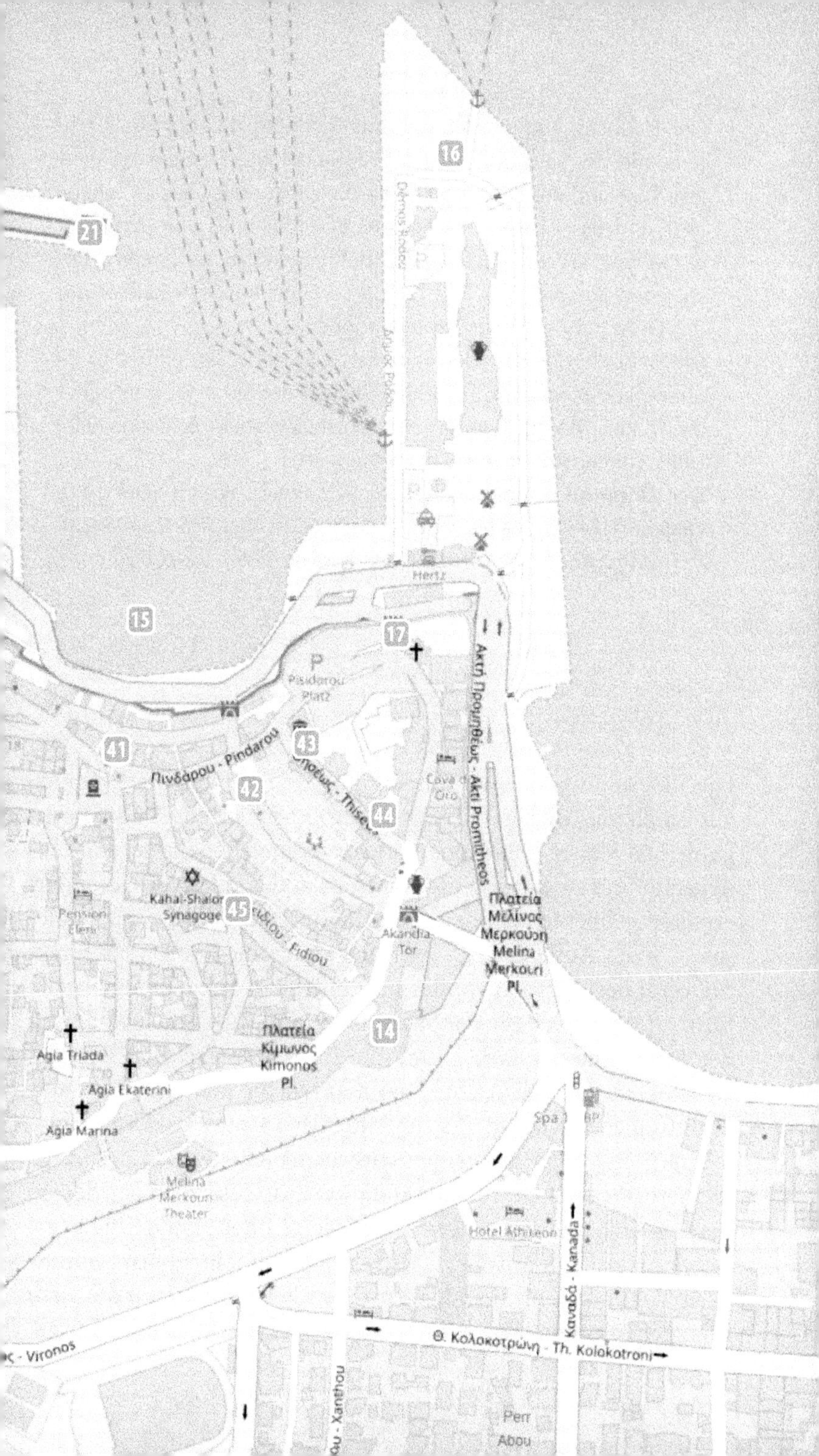
16
21
15
17
41
42
43
44
45
14
Pisidarou Platz
Hertz
Πινδάρου - Pindarou
Kahal-Shalom Synagoge
Pensioni Eleni
Akandia Tor
Cava d'Oro
Ακτή Προμηθέως - Akti Promitheos
Πλατεία Μελίνας Μερκούρη Melina Merkouri Pl.
Πλατεία Κίμωνος Kimonos Pl.
Agia Triada
Agia Ekaterini
Agia Marina
Melina Merkouri Theater
Hotel Athineon
Καναδά - Kanada
Θ. Κολοκοτρώνη - Th. Kolokotroni
Vironos
Xanthou
Perr Abou

Der Hauptzugang zur Altstadt aus Richtung des Mandraki-Hafens und der Neustadt ist das 1924 angelegte Freiheitstor. Weitere Tore sind das D´Amboise-, das St. Athanasius- das St. Johannes- und das Akantia-Tor. Es wird empfohlen, vor Besichtigung der Innenstadt zunächst die Stadtbefestigung zu umwandern, um so einen Eindruck von der Größe und militärischen Bedeutung des Ordenssitzes Rhodos zu erlangen.
Die Stadt Rhodos ist in der Hauptsaison (Mai bis September) tagsüber stark überlaufen. Für einen Besuch der Stadt werden daher die frühen Morgenstunden empfohlen. Zwischen 6:00 und 9:00 Uhr ist die Altstadt nahezu menschenleer.
Der **Uhrenturm Roloi** nahe dem Großmeisterpalast (Orfeos 1, Ορφεως 1) bietet eine hervorragende Aussicht über Teile der Altstadt.
Öffnungszeiten des Uhrenturms: täglich 9:00 bis 20:00 Uhr

Stadtbefestigung

Die Befestigungsanlagen um Rhodos sind ein außergewöhnlich gut erhaltenes Beispiel für eine spätmittelalterliche Stadtbefestigung. Die Mauern, Bastionen und Tore umgeben die gesamte Innenstadt und sind größtenteils im Zustand von 1522 unverändert erhalten geblieben. An den Befestigungsanlagen kann man ablesen, wie das Aufkommen von Feuerwaffen die Festungsarchitektur veränderte und zu weiter ausgreifenden Schutzmaßnahmen führte. Die ersten Teile der Stadtmauer sind vermutlich bald nach der Einnahme der Insel durch die Johanniter errichtet worden. Die Ritter bauten geböschte Steinmauern, die man durch Erdaufschüttungen verstärkte. Bis zur Mitte des 15. Jahrhunderts erfolgte eine Sicherung durch einen vorgelegten Niederwall, der durch kleinere, rechteckige Türme verstärkt wird. Zusätzlich wurden an markanten Punkten größere, rechteckige oder runde Türme errichtet. Sie standen isoliert, weil man bei einem Angriff verhindern wollte, dass die Feinde über einen solchen Turm in die Stadt gelangen konnten. Vor dem Niederwall erstreckt sich ein ausge-

Stadtbefestigung von Rhodos, Bastion an der Nordwestecke mit Grabenwehr (Kaponniere), im Hintergrund der Großmeisterpalast

hobener Wehrgraben. Er wird durch den aufgeschütteten Außenwall begrenzt, der zum Graben hin mit einer steilen, geböschten Steinmauer versehen ist. Der Graben war nie mit Wasser gefüllt. Er bildete auch so ein Hindernis, das das Heranbringen von Truppen, Geschützen oder Belagerungstürmen an die eigentlichen Festungsmauern wirkungsvoll verhinderte.

Nach der Belagerung von 1480 wurden diese Befestigungen so verstärkt, dass sie Geschützfeuer standhalten konnten. Die Mauerkronen wurden erhöht und mit Geschützstellungen versehen. Einige der vorgelagerten Türme wurden zu Bastionen ausgebaut, die als vorgelagerte Forts ein Bestreichen des Vorfelds und auch der Flanken mit Kanonen ermöglichten. Der Wehrgraben wurde verbreitert, an gefährdeten Stellen bettete man in den Graben Verteidigungsinseln sowie eine Grabenwehr ein.

Zur Verteidigung der Festungsanlagen hatte man den Zungen des Johanniterordens einzelne Mauerabschnitte zugeordnet, für die sie im Angriffsfall zuständig waren. Die Stellungen der acht Zungen sind durch eine Beschreibung von 1485 belegt. Es ist jedoch

nicht auszuschließen, dass diese Zuständigkeiten auch wechselten. Bei den großen Belagerungen 1480 und 1522 waren die Bereiche der Zungen ohnehin bedeutungslos, da die Verteidiger dort zum Einsatz kamen, wo sie am Nötigsten gebraucht wurden. Die Festungsanlagen sind mit Wappen – meist aus weißem Marmor – gekennzeichnet. In der Regel sieht man das Wappen des Johanniterordens, ein Balkenkreuz, kombiniert mit dem Familienwappen des Großmeisters. Die überwiegende Zahl der Wappen erinnert an Großmeister und Kardinal Pierre d´Aubusson, der den Ausbau nach der Belagerung 1480 vornahm.
Die Festungsanlagen wurden nach der Einnahme der Stadt durch die Türken im Dezember 1522 nicht mehr verändert. Die osmanischen Besatzungstruppen besserten lediglich zerstörte Bereiche aus, behielten aber die vorhandene Substanz bei– einschließlich der Ordenswappen und der Wappen der Großmeister, die durchgehend auf den Johanniterorden und seinen christlichen Hintergrund aufmerksam machen. Rhodos wurde nach 1522 nie mehr belagert. 1912 erfolgte eine kampflose Besetzung durch italienisches Militär.

Die Festungsmauern können durch einen Rundgang im Wehrgraben oder auf dem Außenwall erkundet werden. Es wird eine Besichtigung entgegen dem Uhrzeigersinn empfohlen, die im Norden nahe dem Freiheitstor beginnt. Der Zugang zum Wehrgraben ist durch ein Tor vor dem St. Petrus-Turm möglich. Noch eindrucksvoller ist der Rundgang auf dem Außenwall. Dort befindet sich eine begrünte Parkanlage mit Pinien und anderen Bäumen, die auch im Sommer Schatten spenden. Man erreicht den nicht ausgeschilderten Mauerrundgang über die Straßen Papagou und Ethniarchou Makariou. Er wird durch die Einschnitte der Zufahrtswege zu den Stadttoren unterbrochen.

Der 1 **Petrus-Turm** wurde unter dem Großmeister Pedro Raimundo Zacosta erbaut und nach 1480 zu einer Bastion mit Geschützstellungen erweitert. An der Außenseite ist ein Relief mit der Darstellung des Apostels Paulus angebracht. Der vorgelager-

Antoniusfigur über dem St. Antonius-Tor

te Graben wird durch eine Außenmauer mit Tor begrenzt. Über dieses Tor gelangt man in den auf der Landseite umlaufenden Wehrgraben, der die Altstadt von der Neustadt abschirmt. Von der türkischen Belagerung 1522 sind zahlreiche steinerne Kanonenkugeln erhalten geblieben. Die Stadtbefestigung springt westlich des Petrus-Turms zurück und wendet sich dann wieder nach Norden. Die äußere Ecke ist durch den 2 **Pagnac-Turm** gesichert. Es handelt sich um einen rechteckigen Turm mit Zinnenkranz, der oben von einem Rundturm, wiederum mit auskragendem Zinnenkranz, bekrönt wird.

Die Nordwestecke der Stadt ist mit einer Bastion befestigt, die unter Großmeister Émery d´Amboise erbaut wurde und der eigentlichen Stadtmauer vorgelagert ist. An der Nordseite ragt eine auf 1514 datierte Grabenwehr in den Graben. Bei diesem Element des Festungsbaus handelt es sich um einen vorspringenden, vollkommen mit Mauerwerk ummantelten Gang, von dem aus die Verteidiger mit Gewehren die Sohle des Grabens beschießen konnten. Die mit einem steinernen Satteldach bedeckte Grubenwehr besteht aus zweimal vier Schießkammern, von denen aus zwei Seiten der Bastion beschossen werden konnten. Die Bastion enthält das 3 **D'Amboise-Tor** – früher der wichtigste Zugang vom Bereich des Mandraki-Hafens zur ummauerten Stadt. Über eine Brücke erreicht man das Außentor. Über der Toröffnung ist ein Marmorrelief mit einem Engel zu sehen, der das Ordenswappen und das des Großmeisters Émery d'Amboise sowie die Jahreszahl 1512 enthält. Der Zugang zur Stadt führt durch einen gewölbten Gang. Über eine weitere Brücke überquert man den inneren Graben, der die vorgelagerte Bastion von der Stadt trennt. Der Weg führt am Großmeisterpalast entlang und endet am 4 **St. Antonius-Tor**. Dieses ältere Stadttor aus dem 14. Jahrhundert wurde infolge der Verstärkung der Stadtbefestigung zum Innentor. Über der Toröffnung ist eine stark verwitterte Reliefdarstellung des heiligen Antonius aus rötlichem Stein zu erkennen. Oberhalb des Antoniustores verläuft auf der Stadtmauer ein beiderseits mit Zinnen versehener Gang. Er führt zum 5 **Kanonentor**, über das man früher in das Areal des Großmeisterpa-

Turm von Spanien

Athanasius-Tor, rechts ein Abschnitt der Stadtbefestigung mit Verteidigungsinsel im Wehrgraben

lastes gelangen konnte. Das Tor wird von zwei Halbrundtürmen mit Zinnenkranz flankiert und enthält über dem Durchgang das Wappen des Großmeisters Jean de Lastic.

Die Bastion vor dem D´Amboise-Tor trifft auf die ältere Stadtbefestigung. Diese kann man an dem vorgelagerten Niederwall erkennen, der einen durch eine Zinnenmauer geschützten Gang unterhalb der Brustwehr der eigentlichen Stadtmauern enthält. Einige der in den Niederwall eingebetteten Türme wurden zu Bastionen ausgebaut. Zu den stärksten Bastionen gehörte die 6 **St. Georgs-Bastion**, die durch den Ausbau eines früheren Torturms entstand. Der viereckige Wehrturm trägt ein Marmorrelief, welches den heiligen Georg als Drachentöter sowie vier Wappen zeigt. Eines der Wappen bezieht sich auf Großmeister Antonio Fluvian. Pierre d´Aubusson ließ 1496 das Tor zumauern und den Komplex zu einer starken Bastion umgestalten. Ein nochmaliger Ausbau erfolgte 1521 nach Plänen des Ingenieurs Basilio dalla Scuola. Der 7 **Turm von Spanien** war ursprünglich nicht in die Mauer integriert. Großmeister Pierre d´Aubusson umgab ihn 1489 mit einer Umwallung und Geschützstellungen. Außen ist sein Wappen angebracht, das ihn als Kardinal der römischen Kirche ausweist.

Der folgende Abschnitt im Südwesten der Stadtbefestigung wurde durch Verteidigungsinseln gesichert, die mitten im Wehrgraben liegen und als vorgeschobene Verteidigungsstellungen ein Vordringen des Gegners zur Festungsmauer verhindern sollten. Die erste, nördliche Verteidigungsinsel trifft auf eine weitere Bastion aus dem späten 15. oder frühen 16. Jahrhundert, die das 8 **Athanasius-Tor** als südlichen Zugang in die Altstadt schützt. Eine Brücke führt zum Außentor, geschmückt mit dem Wappen des Großmeisters Pierre d´Aubusson, das von einem Greifen und von einem Löwen gehalten wird. Die lateinische Inschrift über der Durchfahrt nennt den Namen des Großmeisters und die Jahreszahl 1487. Der mehrfach abgewinkelte Durchgang ist zunächst überdeckt und dann offen. Er führt am 9 **Marienturm** vorbei, der 1441/42 zur Sicherung des Athanasius-Tores erbaut wurde. Ein Relief oben am Turm zeigt die Gottesmutter mit dem Kind sowie das Wappen des Großmeisters Jean de Lastic. Eine Gewölbepassage führt unter dem rechteckigen 10 **St. Athanasius-Turm** hindurch. Der ehemals freistehende Turm mit dem Wappen des Großmeisters Antonio Fluvian wurde im frühen 16. Jahrhundert unter Fabrizio del Carretto in die Festungsanlagen integriert. Über dem Zugang wurde 1922 eine Schrifttafel aus weißem Marmor angebracht. Das Wappen des Königreichs Italiens wird links und rechts vom Wappen des italienischen Gouverneurs Mario Lago flankiert. Die lateinische Inschrift erinnert an die Übernahme von Rhodos durch die Italiener 400 Jahre nach der osmanischen Eroberung. Auf der Stadtseite ist das Tor mit einem Relief verziert, das einen Adler mit ausgebreiteten Schwingen zeigt, welcher das Wappen des Großmeisters Carretto in den Fängen hält. Außerdem ist die Jahreszahl 1515 angegeben. Toröffnung und Steinbrücke hatten bei der Belagerung 1522 erhebliche Schäden erlitten und waren 1530/31 durch den türkischen Gouverneur Abdul Dschelil wiederaufgebaut worden, wie eine arabische Inschrift am Marienturm dokumentiert. Rechts vom Tordurchgang befindet sich die 11 **Athanasios-Kapelle**, ein längsrechteckiger

St. Johannes-Tor

Bau mit Apsis, aber ohne Fenster. Die Kapelle stammt vermutlich aus dem 14. Jahrhundert. Nach der türkischen Eroberung wurde sie in eine Moschee umgewandelt, woran noch heute die nach Mekka zeigende Gebetsnische (Mihrab) in der Apsis erinnert.

Öffnungszeiten der Athanasios-Kapelle:
Dienstag bis Sonntag 12:30 bis 14:00 Uhr

Der folgende Mauerabschnitt im Süden der Stadt wird durch eine langgestreckte Verteidigungsinsel gesichert. Einer der Türme, die den Niederwall vor der Festungsmauer bilden, ist mit dem Relief eines Soldatenheiligen geschmückt. Möglicherweise handelt es sich um den heiligen Theodosius.
Die folgende Bastion enthält wieder ein Tor, das den Namen 12 **St. Johannes-Tor**, Rotes Tor oder Koskinou-Tor trägt. Das Außentor erreicht man über eine Brücke. Über dem Torbogen befindet sich ein reich ornamentiertes Giebelfeld. Eingelassen sind Marmorreliefs mit den Wappen des Johanniterordens und des Großmeisters Jacques de Milly. Eine Marmorplatte westlich des inneren Tores berichtet in italienischer und griechischer Sprache, dass der Mauerabschnitt 1457 durch Baumeister Manolis Kundis errichtet wurde.
Über einen gewölbten Gang erreicht man den 13 **St. Johannes-Turm** mit einem Relief Johannes des Täufers, des namengebenden Heiligen des Johanniterordens. Im Erdgeschoss des Turms war früher eine Kapelle eingerichtet. Diese wurde bei der Verstärkung der Festungsanlagen mit Steinen aufgefüllt, die bei archäologischen Ausgrabungen wieder enfernt wurden. Das Innentor trägt das Wappen des Großmeisters Pedro Raimundo Zacosta.
Der folgende Abschnitt östlich des St. Johannes-Tors ist durch einen Niederwall mit drei Türmen befestigt, die jeweils Wappen von Großmeistern tragen. Der vierte 14 **Turm von Italien** ist durch eine nachträglich ergänzte Bastion gesichert. Es handelt sich ursprünglich um ein Stadttor, das nach 1480 zugemauert wurde. Der Rundturm ist von einer sehr mächtigen halbrunden Bastion mit Geschützöffnungen umgeben.
Nordöstlich vom Turm von Italien erreicht die Stadtbefestigung das Mittelmeer. In der Uferzone wurde in den 1950er Jahren

Turm von Italien

ein breites, für Fahrzeuge geeignetes Stadttor eingebrochen, das Akantia-Tor. Weiter nördlich geht die Stadtbefestigung in die Hafenbefestigung über.

Der 15 **Handelshafen** wird von zwei Molen eingefasst. Der Hafen war ein wichtiger Umschlagplatz des Handels im östlichen Mittelmeer und die Basis der Ordensflotte. Um ihn zu sichern, hatten die Johanniter die Spitzen der noch aus hellenistischer Zeit stammenden Molen mit Türmen befestigt. Zwischen den Türmen war eine Eisenkette gespannt, die die Hafenzufahrt verriegelte. Schiffe wurden nur durchgelassen, wenn sie eine „Kettensteuer" entrichteten. Die 16 **Mühlenmohle** an der Ostseite des Hafens war mit Windmühlen bebaut. An der Nordspitze entstand 1440 bis 1451 der Mühlenturm. Der ursprünglich gotische Wehrturm wurde später mehrfach verstärkt und umgebaut. Im 17. Jahrhundert entstand eine türkische Batterie.

Am Handelshafen ist die Stadtbefestigung schwächer ausgebildet, weil es hier kein Vorland gab, das Angreifer hätten nutzen können. Auch war es nicht möglich und notwendig, einen Wehr-

Seetor

St. Pauls-Turm

graben anzulegen. Die Stadtmauer folgt der Uferlinie. Das kleine, unscheinbare 17 **Katharinentor** verband das Judenviertel mit der Mühlenmole. Es konnte durch ein Fallgitter geschlossen werden. Das deutlich größere Marientor wurde erst 1955 in die Stadtmauer eingebrochen, um eine Straßenachse zum Akantia-Tor durch die Altstadt zu führen.

Folgt man weiter der Stadtmauer, erreicht man das 18 **Seetor**. Es gilt als das schönste Tor der Stadtbefestigung. Der Zugang zur Stadt wird von zwei mächtigen Halbrundtürmen mit ausladendem Zinnenkranz und Schießscharten flankiert. An der Außenseite sieht man über der Tordurchfahrt ein großes, durch die Seeluft verwittertes Relief aus weißem Marmor. Es zeigt die Gottesmutter Maria mit Johannes dem Täufer und dem Apostel Petrus. Darunter befinden sich die Wappen des Johanniterordens, des französischen Königshauses und des Großmeisters Pierre d´Aubusson sowie die Jahreszahl 1478. Das nicht weit entfernte, kaum auffallende 19 **Arnoldustor** verband den Handelshafen mit dem Collachium, der Ritterstadt. Über dem historischen Tor sind drei abgemeißelte Wappen angebracht. Die zweite Toreinfahrt wurde im 20. Jahrhundert in der Achse des Johanniterhospitals

Relief des Apostels Paulus am St- Pauls-Turm

in die Mauer eingebrochen. Deutlich größer ist das 20 **Werfttor**. Es hat eine hohe und breite Öffnung, durch die Schiffe aus dem Hafenbecken in den Werft- und Arsenalbereich der ummauerten Innenstadt und zurück gebracht werden konnten. Es war von zwei Rechtecktürmen flankiert, die beim Ausbau der Straße durch den Nordteil der Altstadt abgebrochen worden. Die noch sichtbaren Nischen gehörten zum Innenraum dieser Türme. Das Werfttor und das nordwestlich gelegene, 1924 in die Stadtmauer eingebrochene Freiheitstor wurden genutzt, um den Autoverkehr der Uferstraße durch die Festungsanlagen in die Uferzone des Mandrakihafens zu führen.

Nördlich des Werfttors geht die Stadtbefestigung in die Befestigung der 21 **Naillac-Mole** über, die den Handelshafen auf der Westseite begrenzt. An der Spitze dieser Mole stand der heute nicht mehr vorhandene Naillac-Turm, benannt nach Großmeister Philibert de Naillac, der ihn zu Beginn des 15. Jahrhunderts erbauen ließ. Der Turm stürzte 1863 bei einem Erdbeben ein. Es handelte sich um einen 37 Meter hohen Turm mit einer zinnenbekrönten Terrasse und kleinen Ecktürmchen. In der Mitte der Turmterrasse erhob sich ein neun Meter hoher Achteckturm.

Das in die Befestigung der Naillac-Mole integrierte 22 **St. Pauls-Tor** verband den Handelshafen mit dem Mandrakihafen. Es hat seinen Namen nach einem Relief mit der Darstellung des Apostels Paulus am St. Pauls-Turm. Dieses Marmorrelief muss, wie Wappen nahelegen, zwischen 1476 und 1484 geschaffen worden sein. Der Torweg führt durch einen Zwinger mit polygonaler Außenmauer und Wehrgang.

St. Nikolaus-Turm

Nahe dem Außentor befindet sich der Zugang zur St. Nikolaus-Mole. Diese dritte Mole an der Seeseite der Stadt Rhodos führt zunächst nach Norden und umschließt dann bogenförmig den Mandraki-Hafen. An der Spitze dieser Mole erhebt sich der 23 **St. Nikolaus-Turm**. Es handelt sich um ein vorgelagertes Fort, das nicht nur den Hafen, sondern auch die Nordseite der Stadt schützte. Der zentrale Rundturm wurde 1464 bis 1467 durch Großmeister Pedro Raimundo Zacosta erbaut. An der Ostseite befindet sich eine Reliefdarstellung des heiligen Nikolaus mit dem Wappen Zacostas. Das Wappen Burgunds erinnert daran, dass Herzog Philipp II. von Burgund für diesen Bau 10.000 Golddukaten gestiftet hatte.
Die Wehrplattform war über eine Zugbrücke zu erreichen, die zum Wehrgang der Ringmauer führte. Während der ersten türkischen Belagerung 1480 zeigte sich, wie wichtig dieser Turm für die Verteidigung von Stadt und Hafen war. Die Angreifer beschossen ihn, konnten ihn aber nicht einnehmen. 1481 ließ Großmeister Pierre d´Aubusson den Turm verstärken. Man umgab ihn mit einer polygonalen Bastion, in der sich Kasematten mit Geschützstellungen befanden. Der St. Nikolaus-Turm war ehemals für Besucher zugänglich, kann aber aufgrund von Baumaßnahmen nicht mehr besichtigt werden.

Blick auf den Großmeisterpalast von Süden

Collachium

Das ummauerte Stadtgebiet war durch eine Innenmauer geteilt. Nördlich von dieser befand sich das Collachium (auch castrum, castello, Oberstadt), ein Stadtviertel, das ausschließlich den Rittern vorbehalten war. An der Nordwestecke der Stadt erhebt sich, mit der Stadtmauer verbunden, der 24 **Großmeisterpalast**, der in seiner heutigen Gestalt eine weitgehende Neuschöpfung darstellt. Nach der Einnahme der Insel durch den Johanniterorden wurde anstelle einer hier anzunehmenden byzantinischen Burg die Meisterburg als Sitz des (Groß-)Meisters errichtet. Wohl bei der Belagerung von 1480 stark beschädigt, ließ Großmeister Pierre d´Aubusson ab 1481 die Burg neu aufbauen. Bis 1522 residierte hier der Großmeister Philippe de Villiers de l'Isle-Adam, der gegenüber Sultan Süleyman kapitulierte.
Die Explosion eines türkischen Pulvermagazins im benachbarten Glockenturm der Konventskirche zerstörte die Burg weitgehend. Übrig blieben Teile des Erdgeschosses, die bis 1912 als türkisches Gefängnis dienten. Der Wiederaufbau erfolgte 1937 bis 1940 nach

Großmeisterpalast, Innenhof

Plänen des italienischen Architekten Vittorio Mesturino. Im Auftrag des Gouverneurs Cesare Maria de Vecchi gestaltete dieser einen historisch anmutenden, aber weitgehend frei erfundenen Neubau. Mit dem Rückgriff auf die Geschichte des Johanniterordens sollte der Großmeisterpalast die Zugehörigkeit der Insel Rhodos zu Italien symbolisieren. Eine Gedenktafel im Erdgeschoss erinnert bis heute daran, dass dieser Bau unter König Viktor Emmanuel III. (1869–1947) und dem „Duce del Fascismo" Benito Mussolini (1883–1945) ausgeführt wurde.
Die unteren Bereiche der Außenmauern enthalten noch spätmittelalterliche Bausubstanz. An diesen Befunden kann man erkennen, dass der Großmeisterpalast eine unregelmäßige Vierflügelanlage darstellte. Der Hauptzugang wurde von zwei halbrunden Türmen flankiert. Diese Doppelturmfront wurde frei rekonstruiert wieder aufgebaut. Im Erdgeschoss wurde eine „gotische" Palastkapelle geschaffen. Eine breite Marmortreppe führt ins Obergeschoss, in dem man eine Abfolge repräsentativer Säle durchschreiten kann. Manche dieser Säle werden durch Arkaden in mehrere Schiffe unterteilt. Säulen und Kapitelle stammen von antiken und früh-

christlichen Monumentalbauten. In die Wände wurden Reste antiker Reliefs sowie Baufragmente aus der Johanniterzeit eingelassen. In den Fußboden sind 27 antike Mosaiken aus Kos integriert. Die Altstadt von Kos war 1933 von einem Erdbeben zerstört wurden. Italienische Archäologen gruben die antike Stadt aus und bargen zahlreiche prächtige Mosaiken, die ab 1937 nach Rhodos überführt wurden. Für die historische Anmutung sorgen außerdem wuchtige Kreuzgewölbe und dunkle Holzkassettendecken. Zur Ausstattung verwendete man historische Möbel, darunter Teile barocker Chorgestühle mit geschnitzten Armlehnen. In den Erdgeschossräumen befinden sich zwei sehenswerte Ausstellungen, zum einen zu Rhodos in der Antike und zum anderen zur Kulturgeschichte der Insel während der Herrschaft des Johanniterordens.

Öffnungszeiten des Großmeisterpalastes: täglich 8:00 bis 20:00 Uhr

Gegenüber dem Großmeisterpalast befand sich der Standort der 25
Konventskirche St. Johannes der Täufer (Johanniterkirche). Die Hauptkirche des Johanniterordens auf Rhodos wurde 1856 durch eine Pulverexplosion zerstört. Abbildungen aus dem Jahr 1828 zeigen den Zustand vor der Zerstörung. Demnach handelte es sich um eine rechteckige Basilika mit einer wenig verzierten Fassade. Der Innenraum war durch Säulen und Arkaden in drei Schiffe geteilt und mit einem offenen Dachstuhl überdeckt. Im Mittelschiff war ein hölzernes Tonnengewölbe ausgebildet. Das Querschiff und der rechteckige Chor waren mit Kreuzrippengewölben versehen. Mit dem Bau Konventskirche muss bald nach dem Eintreffen der Johanniter begonnen worden sein. Unter Meister Élion de Villeneuve wurde die Kirche im 14. Jahrhundert vollendet. In der Konventskirche fanden die Kapitelsitzungen statt, hier wurden die (Groß-) Meister gewählt und nach ihrem Tod beigesetzt. Der freistehende Campanile wurde 1509 unter Großmeister Émery d´Amboise hinzugefügt. Der obere Teil des Glockenturms war 1522 bei der türkischen Belagerung zerstört worden. Nach der Übernahme der Insel durch die Türken diente das Gotteshaus als Hauptmoschee. Nach der Zerstörung 1856 wurden die Ruinen abgetragen. Über den Trümmern wurde eine Schule errichtet. Sie überdeckt den westli-

chen Teil des Langhauses. Die Ostteile – Querhaus und Chor über einer Krypta – wurden 1876 abgebrochen, um eine Straßenverbindung anzulegen. In den letzten Jahrzehnten fanden am Standort der früheren Konventskirche archäologische Grabungen statt. Dabei fand man die Grundmauern des Kirchenschiffs und Reste der Säulen. Die Ausgrabungen sind über eine Treppe zu erreichen und frei zugänglich. Schautafeln erklären, welche Reste der Kirche noch zu sehen sind. Die 47 **Evangelismos-Kirche** am Mandraki-Hafen ist ein weitgehender Nachbau der 1856 zerstörten Johanniterkirche. Der Großmeisterpalast und die Krypta der Johanniterkirche waren durch eine Loggia verbunden. Zeichnungen aus dem Jahr 1828 zeigen sie in ruinösem Zustand. Bei der Explosion 1856 wurden große Teile zerstört. Im Zusammenhang mit der Restaurierung der Ritterstraße ist diese 26 **Loggia** wiederaufgebaut worden. Es handelt sich um eine Gewölbehalle aus drei Jochen, die jeweils mit Kreuzrippengewölben versehen sind. Die nach Norden zeigenden Durchgänge führen zum Großmeisterpalast.

An der Ostseite der Loggia beginnt die Ritterstraße (Ippoton, Ιπποτών), eine der am besten erhaltenen Straßen in Europa mit gotischer Bebauung. Der mit Kieseln gepflasterte Straßenzug in Ost-West-Richtung wird von zweigeschossigen Steinbauten eingefasst. Die Bauten sind größtenteils erhalten geblieben, waren aber durch Umbauten in der türkischen Zeit verändert worden. Die Restaurierung begann 1913, als der französische Botschafter in der Türkei die Herberge der französischen Zunge wiederherstellen ließ. Italienische Archäologen und Restauratoren nahmen zwischen 1915 und 1940 eine umfassende Restaurierung vor, bei der das ursprüngliche Bild wiederhergestellt werden konnte. Anders als beim Großmeisterpalast hielt man sich stark an die überlieferte Bausubstanz und die vorhandenen Befunde. Nur dort, wo Partien fehlten, wurde behutsam ergänzt.

In der Ritterstraße stehen die Herbergen der Zungen des Johanniterordens. Jede Zunge besaß eine solche Herberge (französisch: auberge), in der die Mitglieder zu Beratungen, Versammlungen und Mahlzeiten zusammenkamen und Gäste empfangen wurden. Pilger und Ritter, die nach Rhodos kamen, konnten die Herbergen ihrer Zunge als Anlaufstelle nutzen. Die Wohnräume der Ordens-

Ritterstraße

ritter befanden sich nicht in den Herbergen, sondern in anderen Gebäuden innerhalb des Collachiums. Mit der steinernen Bauweise, gotischen Portalen und Wappenreliefs wurde die repräsentative Bedeutung der Herbergen unterstrichen. Die Zuordnung der Gebäude zu den einzelnen Zungen ist nicht immer gesichert und lässt sich nur aufgrund bestimmter Wappen vermuten. Wo sich die Herberge der deutschen Zunge befand, ist nicht überliefert.
Die Gebäude enthalten im Erdgeschoss Bogenöffnungen, hinter denen sich früher Geschäfte befanden. Der Zugang ins Innere er-

Die historischen Gebäude sind nicht gekennzeichnet und – mit Ausnahme der Herberge der französischen Zunge – nicht zugänglich. In der Loggia am Westende der Ritterstraße und im Durchgang der Herberge der spanischen Zunge geben Orientierungstafeln einen guten Überblick. Sie enthalten Abbildungen der Nord- und der Südseite des Straßenzugs und geben Erläuterungen zu den einzelnen Häusern.

Kapelle Frankreichs und die Dreifaltigkeitskapelle (Hagia Triada)

folgt in der Regel durch gotische Spitzbogenportale. Die Versammlungsräume befanden sich in den Obergeschossen. Dort öffnen sich größere Rechteckfenster, die zum Teil mit Zierfriesen umrandet sind. In den Balustraden, die manchmal von Zinnen bekrönt werden, befinden sich steinerne Ösen. Sie dienten zur Befestigung von Flaggen.

Von der 27 **Herberge der Zunge der Provence** nahe dem Großmeisterpalast ist die Vorderfront erhalten geblieben. Eine Inschrift über dem gotischen Portal nennt François de Flota, Prior von Toulouse, und die Jahreszahl 1518. Das Gebäude an sich ist jedoch älter und vermutlich nach 1480 entstanden. Über der Portalrahmung sind in Kreuzform vier Wappen angeordnet. Das Wappen der französischen Krone ist umgeben von den Wappen des Ordens, des Großmeisters Fabrizio di Carretto und des François de Flota.

Die gegenüberliegende 28 **Herberge der Zunge von Spanien** hat eine wenige auffallende Straßenfront. Sie besteht aus zwei Gebäudeteilen, die durch eine einmündende Gasse voneinander getrennt sind. Die Bausubstanz stammt aus dem 14. Jahrhundert, aus der

Herberge der Zunge von Frankreich

Zeit des Großmeisters Antonio Fluvian. Zu Beginn des 16. Jahrhunderts erfolgte ein größerer Umbau, bei dem die Gasse mit einem Tonnengewölbe versehen und so überbaut wurde. Im Obergeschoss entstand ein großer rechteckiger Saal mit Kamin. In dem gerahmten Zierfeld über der Einmündung der Seitengasse waren ehemals mehrere Wappen angebracht. Die Wappen von Kastilien, Aragon, Granada, Navarra und Portugal verdeutlichten, dass dieses Gebäude die Herberge der Ritter aus der iberischen Halbinsel gewesen sein muss. Die spanische Zunge war zwar 1462 in die beiden Zungen Aragon und Kastilien aufgeteilt worden, doch unterhielten beide weiterhin eine gemeinsame Herberge.

Auf der Nordseite der Straße befindet sich ein nur zwei Fensterachsen breites Gebäude, das anhand der Wappen und einer Inschrift als 29 **Kapelle Frankreichs** zu deuten ist. Im Obergeschoss befindet sich ein kreuzförmiges Zierfeld mit dem Wappen Frankreichs, des Johanniterordens und des Großmeisters Fabrizio del Carretto. Das untere Wappen bezieht sich auf den Ordensritter Jean Chauvin, der das Gebäude laut Inschrift 1519 vollendet hat. Eine weitere Inschrift benennt dieses Gebäude als „Capelle Francie". Diese Kapelle muss sich im Innern befunden haben. Aufgrund von Eingriffen nach 1522 ist nur die Fassade originalgetreu erhalten. Der kleine Kirchenbau daneben wird als 30 **Dreifaltigkeitskapelle** (Hagia Triada, Αγία Τριάδα) gedeutet. Die einschiffige Kapelle wurde zwischen 1360 und 1380 erbaut. An der Außenfront sieht man mehrere Wappenreliefs. Diese enthalten unter anderem das Wappen der englischen Zunge und die Wappen der Großmeister Élion de Villeneuve und Dieudonné de Gozon. Der Baldachin neben dem Zugang ist noch original er-

Herberge der Zunge von Italien, im Hintergrund die Marienkirche im Kastell

halten, doch wurde die Madonnenstatue bei der Restaurierung des Straßenzugs hinzugefügt. Das Spitzbogenportal führt in einen quadratischen Raum mit dreiseitiger Apsis. Die Kuppel ist eine spätere Ergänzung aus der Zeit, als die Kapelle als Moschee genutzt wurde. Italienische Restauratoren legten mehrere Fresken frei. Anhand der Motive vergab man den heute gebräuchlichen Namen, der auf die heilige Dreieinigkeit verweist. Das originale Patrozinium ist nicht überliefert.

Die 31 **Herberge der Zunge von Frankreich** gehört zu den eindrucksvollsten und größten gotischen Bauten in Rhodos. Das Erdgeschoss bestand aus Lagergewölben, während die Versammlungsräume, erkennbar an den großen Rechteckfenstern, im Obergeschoss lagen. Die Fassade wird durch Gurtgesimse und Profilleisten mit Flechtbanddekor gegliedert und von einer Balustrade mit Zinnen bekrönt, aus der Rundtürmchen hervorkragen. Mehrere Wappenreliefs schmücken das Gebäude. So sieht man im Obergeschoss das Wappen der französischen Krone und das des Großmeisters Pierre d´Aubusson. Die Wappen und Inschriften legen nahe, dass das Gebäude zu großen Teilen zwischen 1492 und 1495 errichtet und 1509 vollendet wurde. Die Restaurierung

1913 leitete der Architekt Albert Gabriel im Auftrag von Maurice Bompard, Botschafter der Republik Frankreich in der Türkei. Rhodos war damals gerade von italienischen Truppen besetzt worden, doch hielt man völkerrechtlich an der Zugehörigkeit der Dodekanes-Inseln zum Osmanischen Reich fest. Die Herberge der französischen Zunge ist heute ein Kulturzentrum.
Über eine kleine Gasse, die durch den Westteil der Herberge der französischen Zunge überbaut wurde, gelangt man zum 32 **Haus des Dschem**. Nach einer späteren Überlieferung soll der Johanniterorden hier den Bruder des Sultans Bayezed II. untergebracht haben, der nach einem verlorenen Machtkampf nach Rhodos geflohen war. Der marmorne Türrahmen ist im Renaissancestil gehalten.
Einige Häuser weiter in Richtung Osten gliedert sich ein größeres Gebäude in die steinerne Straßenfront ein, das als 33 **Herberge der Zunge von Italien** gedeutet wird. Die Spitzbogentür im Erdgeschoss führt in einen kleinen Innenhof mit Brunnen. Zwischen den Obergeschossfenstern ist eine mit einem Kielbogen bekrönte Blendnische ausgebildet. Sie enthält ein Marmorrelief mit dem Wappen des Großmeisters Fabrizio del Carretto, aufgelegt auf einen Adler, sowie die Jahreszahl 1519.
Der Wohnkomplex auf der gegenüberliegenden Straßenseite wird als 34 **Haus des Diogenes von Villaragut** bezeichnet. Das Wappen dieses Ordensritters mit der Jahreszahl 1489 befindet sich an der Seitenfassade zur Gasse Lachitos. Demnach handelt es sich um ein Gebäude, das unmittelbar nach der Belagerung von 1480 und dem Erdbeben 1481 gebaut oder erneuert wurde. In der türkischen Zeit befand sich hier ein Komplex privater Wohnhäuser. Die Aufbauten im Obergeschoss mit Loggien und holzgetäfelten Empfangsräumen im osmanischen Stil sind in das 18. und 19. Jahrhundert zu datieren. 1929 wurde eine Restaurierung vorgenommen. Die Innenräume können bei einem Besuch des Archäologischen Museums besichtigt werden, das sich im Neuen Hospital befindet.
Die Ritterstraße führt auf die Hauptfront der 35 **Marienkirche im Kastell** (Panagia tou Kastrou, Παναγία του Κάστρου), die im späten 11. Jahrhundert als byzantinische Kreuzkuppelkirche erbaut wurde. Hier befand sich der Sitz des griechisch-orthodoxen Metro-

Marienkirche im Kastell

politen. Als die Johanniter die Insel übernahmen, richteten sie hier ihre Kathedrale ein. Im 14. Jahrhundert, zwischen 1322 und 1334, wurde die byzantinische Kirche in eine gotische dreischiffige Basilika mit Querschiff umgebaut. Dabei behielt man die unteren Teile der älteren Kreuzkuppelkirche bei, darunter das Querhaus und die vier mit Tonnengewölben überdeckten Eckkompartimente. Nach Abtragung der Vierungskuppel wurde das Gotteshaus mit einem gotischen Rippengewölbe versehen. Die neuen Fenster mussten oberhalb des byzantinischen Mauerwerks angeordnet werden und fielen daher sein klein aus. Die Ostpartie erhielt einen Zinnenkranz, der die nahe Stadtmauer überragt. Daher ist die Kirche auch vom Hafen aus zu erkennen. Nach der osmanischen Eroberung wurde die Marienkirche in eine Moschee umgewandelt. Man baute ein Minarett und eine Vorhalle mit kleinen Kuppeln an. Diese Elemente aus der osmanischen Zeit sind 1940 beseitigt worden. Seit einer Restaurierung in den 1970er Jahren wird die Kirche als Byzantinisches Museum genutzt. Innen werden Ikonen der griechisch-orthodoxen Kirche aus dem 16. bis 19. Jahrhundert gezeigt. Außerdem sind Fresken zu sehen, die einen Eindruck von der ursprünglichen Ausmalung der Kirche geben.

Öffnungszeiten der Marienkirche:
Mittwoch bis Montag 8:30 Uhr bis 16:00 Uhr

Das östliche Ende der Ritterstraße begrenzt das Grundstück des Ordenshospitals, das sich mit seiner Hauptfront dem Museumsplatz (Mousiou, Μουσείου) zuwendet.

Das 36 **Neue Hospital** ist eines der größten mittelalterlichen Gebäude in der Altstadt von Rhodos. Es verdeutlicht, dass die Johanniter trotz der militärischen Ausrichtung ihres Ordens Krankenpflege und Armenfürsorge weiterhin als wichtigste Aufgabe ansahen. Im Hospital wurden nicht nur Kranke gepflegt, sondern auch Pilger beherbergt, die auf der Reise ins Heilige Land auf Rhodos Station machten. Als das ebenfalls noch erhaltene Alte Hospital aus dem 14. Jahrhundert nicht mehr genügend Platz bot, wurde 1440 mit einem deutlich größeren Neubau begonnen. Dieser konnte 1489 – nach langen Bauunterbrechungen – vollendet werden. Die Vierflü-

Neues Hospital, Hauptfront am Museumsplatz

gelanlage grenzt mit ihrer Nordseite an die Ritterstraße und wendet sich mit der Hauptfront dem Museumsplatz zu. Die Arkaden im Erdgeschoss enthielten Läden. Die Mittelachse ist durch den auskragenden Erker der Kapelle des Krankensaals betont, der drei Seiten eines Achtecks beschreibt. Die Wandflächen werden durch runde Dienste voneinander getrennt, während Gesimse eine vertikale Gliederung vornehmen. Das Marmorrelief in der Mitte zeigt zwei Engel, die das Wappen des Großmeisters Antonio Fluvian halten. Eine lateinische Stifterinschrift erinnert daran, dass Fluvian für die Errichtung des Hospitals 10.000 Gulden stiftete. Das gotische Portal unter dem Kapellenerker führt in einen Durchgang. über den man in den Innenhof gelangt. Der Hof ist an allen vier Seiten von zweistöckigen, überdachten Loggien umgeben, die sich zum Hofraum öffnen. Dieses Gestaltungsmuster leitet sich vom Bautyp der orientalischen Karawanserei ab. Im Erdgeschoss sind die Gänge mit Kreuzrippengewölben bedeckt, während im Obergeschoss flache Holzdecken zu finden sind. Die Loggien dienten als Übernachtungs- und Lagerplätze. Man hatte sich wohl für die offene Bauweise entschieden, um viel frische Luft hineinzulassen.

Im Obergeschoss des Hauptflügels befindet sich der Krankensaal. In seiner Gestaltung entspricht er den mittelalterlichen Hospitä-

Neues Hospital, Krankensaal mit Kapelle

lern in Mittel- und Westeuropa. Der Saal wird durch eine Arkadenreihe in Längsrichtung in zwei Schiffe geteilt. Auf den Arkaden ruht die beiderseits leicht abfallende Holzbalkendecke. Die schlichten Kapitelle der achteckigen Steinsäulen sind wechselseitig mit dem Ordenswappen und dem Wappen des Großmeisters Pierre d´Aubusson verziert. An der östlichen Längsseite öffnet sich der Kapellenerker. Krankensaal und Kapelle sind unmittelbar miteinander verbunden. Diese Lösung hatte man in der westlichen Hospitalarchitektur entwickelt, damit die Kranken ungehindert an den Messen teilnehmen konnten. Außerdem konnte der Raum beheizt werden. Dafür ist an der südlichen Schmalseite ein Kamin angeordnet. Der angrenzende größere Raum diente vermutlich als Speisesaal. Auch hier befindet sich ein großer Kamin. Nordwestlich des Speisesaales befindet sich die Küche. Der Raum ist mit einem Kreuzgewölbe überdeckt, während sich über dem Herd ein Rauchabzug öffnet. Heute wird das frühere Ordenshospital als Archäologisches Museum genutzt. Die Exponate im Krankensaal beziehen sich auf den Johanniterorden. Gezeigt werden Grabplatten von Ordensrittern sowie Inschriftensteine aus der Ordenszeit.

Öffnungszeiten des Neuen Hospitals: täglich 8:00 bis 20:00 Uhr

Herberge der Zunge der Auvergne, Portal

Die kleine Straße gegenüber dem Ordenshospital wird von einer weiteren Herberge begrenzt. Die 37 **Herberge der Zunge von England** wendet sich mit ihrer Westseite dem Museumsplatz zu. Eine zur Seitenstraße gerichtete Schmucknische enthält vier Wappen, die nach einer Zeichnung von 1826 rekonstruiert wurden und die eine Zuordnung der Herberge ermöglichten. Es handelt sich um das Wappen des englischen Königshauses, des Turkopiliers John Kendall und zwei Wappen unbekannter Ritter.

An der Nordseite des Straßenzuges, der zum Freiheitstor führt, erhebt sich die 38 **Herberge der Zunge der Auvergne**. Ein Durchgang führt zum Argyrokastrou-Platz. Das gotische Portal rechts daneben stellte den ursprünglichen Zugang dar. Eine Marmorplatte mit einer französischen Inschrift über dem Portal belegt, dass der steinerne Bau 1507 durch den Großprior und späteren Großmeister Guy de Blanchefort errichtet wurde. Im Erdgeschoss befanden sich Lagergewölbe. Ein Drittel des Gebäudes existiert nicht mehr. Die italienischen Restauratoren ergänzten in freier Rekonstruktion eine Steintreppe und eine holzüberdachte Loggia im Obergeschoss.

Der Straßenzug erweitert sich nach dem Durchgang in der Herberge der Auvergne zum **Argyrokastrou-Platz** (Αργυροκάστρου).

Altes Hospital

Dort steht das 39 **Alte Hospital**, das die Johanniter nutzten, bevor sie mit dem Neuen Hospital einen größeren Nachfolgebau schufen. Der älteste Teil ist an einem Zinnenkranz zu erkennen. Dieses zweigeschossige Gebäude stand ursprünglich frei und enthielt im Obergeschoss eine Kapelle, deren Chorerker in Richtung Platz auskragte. Bei einem Umbau im 15. Jahrhundert unter Großmeister Fabrizio del Corretto wurde der Kapellenerker beseitigt und durch eine Tür ersetzt, die man durch eine steinerne Außentreppe erreicht. Im 15. Jahrhundert wurde an der Südseite des Platzes ein Erweiterungsbau mit einem Saal errichtet. Dieser wird durch zwei Pfeilerreihen in drei gewölbte Schiffe geteilt. Heute sind in den Gebäuden am Argyroukastrou-Platz die Bibliothek des Historischen und Archäologischen Instituts Rhodos sowie das Volkskunstmuseum untergebracht. Die Innenräume des Alten Hospitals sind nicht zugänglich.

Kastellania

Burgus

Der Teil der Altstadt südlich des Collachium wurde Burgus (auch Borgo, Burgum, Chora) genannt. In diesem Viertel, das vier Fünftel des Stadtgebiets einnahm, lebten die „Lateiner“, die nicht dem Johanniterorden angehörten, außerdem Griechen und Juden. Bis zur Deportation der jüdischen Bevölkerung 1944 erstreckte sich im Nordosten des Stadtviertels, nahe der Kirche Panagia tou Borgou, das jüdische Wohngebiet. Die Straßen in Hafennähe waren von Adelssitzen und anderen Wohnhäusern gesäumt. Die Erdgeschosszone der Häuser nahm meist Geschäfte auf. Das Burgusviertel war das Handelszentrum der Stadt. Die Hauptgeschäftsstraße der spätmittelalterlichen Stadt führte von der St. Georgs-Bastion im Westen zum Seetor im Osten und von dort durch das jüdische Wohngebiet bis zum Turm von Italien. Mehrere Tore in der Stadtbefestigung erschlossen das Stadtgebiet.
Trotz baulicher Veränderungen in der Zeit der osmanischen Herrschaft findet man im Burgus noch immer ritterzeitliche Gebäude und Reste der vor 1522 entstandenen Bebauung.

Innerhalb der verwinkelten Bebauung mit engen Gassen lassen sich nur wenige größere Plätze ausmachen. Einer der geschäftigsten Plätze der Altstadt ist der Ippokratous-Platz (Ιπποκράτους) nahe dem Hafenabschnitt der Stadtmauer. An der Westseite steht die 40 **Kastellania**, einer der schönsten Bauten der Ritterzeit in der Altstadt. Hier war der Strafgerichtshof des Johanniterordens untergebracht. Das zweistöckige Gebäude wurde in seiner jetzigen Gestalt 1507 erbaut. Es besteht aus einer offenen Gewölbehalle im Erdgeschoss und einem Saal mit repräsentativen Kreuzstockfenstern im Obergeschoss. Dieses erreicht man vom Ippokratous-Platz durch eine breite Freitreppe. Die Bauornamentik verrät, dass das Bauwerk im Übergang von der Spätgotik zur Renaissance entstanden ist. Das Wappen des Großmeisters Émery d´Amboise an der östlichen Stirnseite ist ein Meisterwerk spätgotischer Bildhauerkunst. Zwei „wilde Männer" halten das von einem reich ornamentierten Kielbogen überfangene Wappen. Unter diesem ist ein Schriftband mit der Jahreszahl 1507 zu erkennen. Pflanzen, Astwerk und gedrehte Säulchen bilden eine schmuckreiche Einfassung. Eine stilisierte Lilie bekrönt den Kielbogen, wie auch das Fensterkreuz des rechts anschließenden Kreuzstockfensters mit Lilienmotiven verziert ist.

Dagegen ist das Marmor-Torportal, das von der Terrasse oberhalb der Freitreppe ins Innere führt, eines der frühesten Zeugnisse der Renaissance in Rhodos. Die Friese an Türsturz und Türeinfassung sind nach antiken Vorbildern gestaltet. Im Türsturz sieht man einen Engel, der das Wappen des Johanniterordens und des Großmeisters d´Amboise hält. An den Außenseiten sieht man die an Zweigen hängenden Wappen der Familie de l´Isle-Adam und eines unbekannten Ritters.

An der Südseite öffnen sich im Obergeschoss zwei Kreuzstockfenster. Diese sind mit einer ornamentierten Umrahmung versehen und ebenfalls mit dem Wappen des Großmeisters d´Amboise gekennzeichnet. In die Attika sind drei Wasserspeier in Krokodilsform eingelassen, die das flache Dach entwässern. Der Saal im Obergeschoss ist mit einer bemalten Holzbalkendecke überdeckt. Die figürlichen Bemalungen zeigen Allegorien der Tugenden sowie Philosophengestalten.

Sogenannter Admiralspalast

Die Kastellania wurde unter italienischer Herrschaft 1933 restauriert. Heute wird das Gebäude von der Stadtbibliothek genutzt. Folgt man der Gasse an der Südseite der Kastellania, gelangt man zum Platz der jüdischen Märtyrer (Evreon Martyron, Εβραίων Μαρτύρων). An der Nordseite dieses Platzes steht der sogenannte 41 **Admiralspalast**, ein zweistöckiges Gebäude mit einer steinernen spätgotischen Straßenfassade. Die Bezeichnung aus dem 19. Jahrhundert hat keinen belegbaren historischen Hintergrund. Neuere Forschungen sprechen dafür, dass sich hier die Residenz des griechischen Metropoliten befand.

Das Gebäude aus dem frühen 16. Jahrhundert folgt dem Bautyp der Johanniterbauten in der Ritterstraße. Im Erdgeschoss führen Bogenöffnungen in tonnengewölbte Magazine. Hier befinden sich bis heute Geschäfte. Ein spätgotisches Bogenportal mit reich profiliertem Gewände erschließt den Innenhof und die Innenräume. Über dem Eingang ist ein weißes Marmorrelief angebracht.

Ruine der Marienkirche in der Burg

Es zeigt ein Wappen und darüber die Taube des heiligen Geistes mit ausgebreiteten Schwingen. Das Obergeschoss umfasst einen großen Saal mit Kamin, kleinere Räume und in der Nordwestecke eine Küche mit Kamin und Herd. Außen weisen vier große Rechteckfenster mit ornamentierter Einfassung auf eine repräsentative Nutzung hin. Unter den Fenstern verläuft ein horizontales Gesims. Auf einer Marmortafel in der Mitte der Straßenfassade liest man die lateinische Inschrift „Pax huic domui et omnibus habitantibus in ea“ (deutsch: „Friede diesem Haus und allen, die darin wohnen“). Derselbe Satz ist in griechischer Sprache auf einer Tafel an der Nordwand des Hofs wiederholt.

Der Straßenzug Pindarou (Πινδάρου), der am Admiralspalast beginnt, führt weiter zu einer Kirchenruine. Die 42 **Marienkirche in der Burg** (Panagia tou Bourgou, Παναγία του μπουργου) stammt aus dem 14. Jahrhundert. Die erhaltenen Bauteile belegen, dass es sich um eine dreischiffige Stufenhalle mit einem leicht erhöhten Mittelschiff und etwas niedrigeren Seitenschiffen gehandelt hat.

Die drei jeweils aus fünf quadratischen Jochen bestehenden Schiffe mündeten in drei Apsiden mit polygonalem Abschluss im Osten. Die Kirche war komplett mit Kreuzrippengewölben versehen. Erhalten blieben die Ostpartie mit den gewölbten Apsiden, die Fundamente der Säulen zwischen den Kirchenschiffen sowie Teile der Umfassungsmauern. Es wird vermutet, dass die gotische Kirche seit dem Ende des 15. Jahrhunderts der Sitz des Erzbischofs der römisch-katholischen Kirche auf Rhodos war. Nach der osmanischen Eroberung wurde die Kirche nach Zerstörung großer Teile des Kirchenschiffes durch Häuser überbaut. Während der italienischen Herrschaft wurden die Häuser abgebrochen und die Kirchenruine freigelegt. Als 1955 eine Straße durch den nordöstlichen Teil der Altstadt gelegt wurde, brach man den Mittelteil der Kirchenruine zugunsten des Straßenzugs ab. In den 1990er Jahren wurde die „geteilte Kirche“ wieder vom Straßenverkehr befreit. Nach archäologischen Forschungen konnten die Außen-

St. Katharinen-Hospital

Häuser in der Thiseos-Straße

mauern und der Fußboden wieder so hergestellt werden, dass Besucher heute wieder den Eindruck des vollständigen Umfangs der Kirche erhalten.

Der Platz am östlichen Ende der Pinadarou-Straße (Πινδάρου), an der Einmündung der Thiseos-Straße (Θησέως), wird von einem mächtigen zweigeschossige Gebäude beherrscht, dessen Bedeutung und Baugeschichte erst vor wenigen Jahren erforscht wurde. Das 43 **St. Katharinen-Hospital** wurde 1391 von Ordensadmiral Domenico d`Allemagna als Unterkunft für Pilger errichtet. Der Ursprungsbau aus dem späten 14. Jahrhundert wurde beim Erdbeben 1481 zerstört. Das heute vorhandene Gebäude entstand wenige Jahre vor der osmanischen Eroberung der Insel. Es umfasst ein Erdgeschoss, das an der Hauptfront zur Thiseos-Straße nahezu fensterlos ist, und ein Obergeschoss mit großen Rechteckfenstern sowie kleineren Öffnungen. Ein schlichtes Spitzbogenportal führt nach innen. An der Hauptfront verweisen drei Wappen aus weißem Marmor auf die Baugeschichte. Oben sieht man das Wappen des Großmeisters Fabrizio del Carrotto sowie

Stadthaus einer Adelsfamilie in der Simmiou-Straße

ein Rad als Symbol der heiligen Katharina. Das untere Wappen mit der Jahreszahl MCCCCCXVI (1516) verweist auf Ordensadmiral Constanzo Operti, der den Neubau errichtete. An der Nordseite erinnert ein Wappen an den Stifter des Hospitals, Domenico d`Allemagna.

Unter osmanischer Herrschaft befand sich in diesem Stadtteil das Judenviertel. Das Katharinenhospital war durch bauliche Eingriffe verändert. 1943 zerstörten britische Bomber den östlichen Teil der Altstadt. Die zerstörten Gebäude wurden nach Kriegsende abgeräumt. Dabei entstand eine Freifläche, die archäologischen Untersuchungen unterzogen wurde. Nach Freilegung von Teilen der byzantinischen Stadtmauer erfolgte von 1986 bis 1999 die denkmalgerechte Restaurierung des Katharinen-Hospitals. Das Gebäude ist nicht für Besucher zugänglich.

In der Altstadt stehen noch rund einhundert Wohngebäude mit ritterzeitlicher Bausubstanz. Manchmal sind steinerne Fassaden mit Spitzbogen- oder Rundbogenportalen, Gesimsen und Rechteckfenstern erhalten geblieben, manchmal sind die Straßenfronten weitgehend schmucklos. In einigen Gassen entdeckt man Rechteckfenster mit ornamentierter Einfassung oder auskragende Kaminschornsteine.

Ein ganzer Baukomplex mit 44 **Wohnhäusern** aus der Zeit der Ritterschaft steht am östlichen Ende der Thiseos-Straße unweit des St. Katharinen-Hospitals. Der Straßenzug ist an der Nordseite mit zwei- und dreigeschossigen Häusern bebaut. Die steinernen Straßenfronten werden durch Gesimse gegliedert. Im Obergeschoss öffnen sich unterschiedlich gestaltete Fenster, einige mit einem Kielbogendekor beziehungsweise einem Bogenabschluss. Besonders prächtig ist das Rechteckfenster im Obergeschoss des ersten Wohnhauses. Mit seiner ornamentierten, auf Konsolen ruhenden Umrahmung erinnert es an die ähnlich gestalteten Obergeschossfenster der Kastellania oder der Herberge der französischen Zunge. Aufgrund dieser Vergleiche ergibt sich eine Datierung in das frühe 16. Jahrhundert.

Ein verbautes, noch nicht restauriertes und in Teilen ruinöses 45 **Stadthaus einer Adelsfamilie** befindet sich in der Simmiou-Straße (Συμμίου) unweit der Synagoge Kahal Schalom. Es hat zwei Geschosse und zeichnet sich durch Rechteckfenster mit reich ornamentierter Überdachung aus, die an die Fenster des St. Katharinen-Hospitals erinnern. Demnach muss eine Entstehung um 1510/20 angenommen werden. Über dem mächtigen, schmucklosen Rundbogenportal ist ein Wappen aus weißem Marmor angebracht. Es zeigt drei Falken sowie auf dem mittleren Balken einen Stern. Bisher ist dieses Wappen noch keiner Adelsfamilie zugeordnet worden. Das Tor führt in eine gewölbte Halle, von der eine Treppe das Obergeschoss erschließt. Das Gebäude wurde bisher weder erforscht noch restauriert. In die ritterzeitliche Bausubstanz sind kleinere Wohnungen eingefügt. Teile des Obergeschosses sind unbewohnt und ruinös.

In der Altstadt sind außerdem zahlreiche kleinere griechisch-orthodoxe Kirchen zu finden, die während der Zeit der Ritterherrschaft erbaut wurden. Nahezu alle wurden nach der osmanischen Eroberung als Moscheen genutzt. In ihrer Baugestalt folgen sie den Bautypen der byzantinischen Sakralarchitektur. Die Architekturformen der westeuropäischen Gotik wurden nicht aufge-

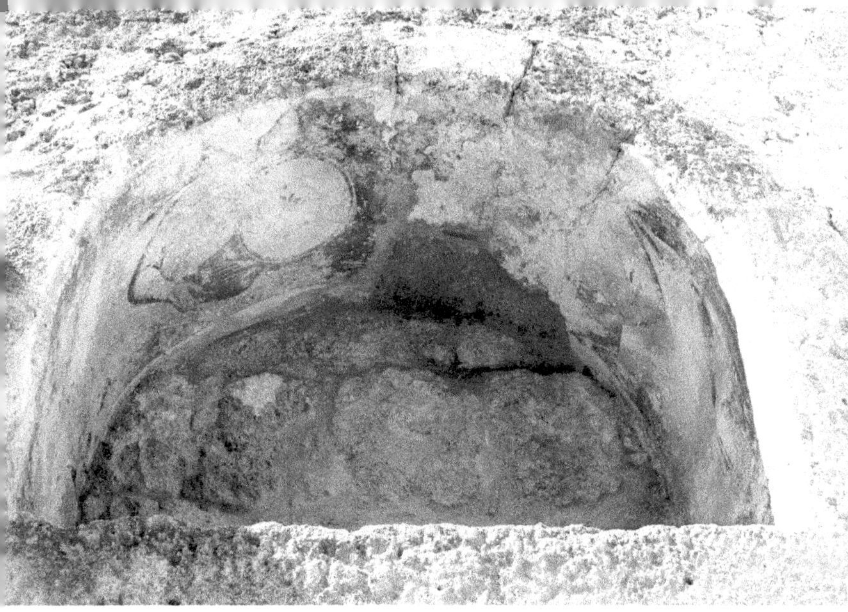

Ausgemalte Bogennische in der Omirou-Straße

nommen, jedoch einzelne Baudetails. So besitzt die im 15. Jahrhundert erbaute Kreuzkuppelkirche **Agios Markos** (St. Markus) in der Apolloniou-Straße (Απολλωνίου) unweit des Großmeisterpalastes zwar eine runde Kuppel mit einer Bogengliederung, wie sie für spätbyzantinische Kirchenbauten typisch ist, doch wurden in die Bogennischen gotische Fenster mit Kleeblattabschluss eingefügt. Da keine dieser griechisch-orthodoxen Kirchen für Besucher zugänglich ist und in den Gassen oft nur schlichte Portale oder Eingänge auf die dahinterliegenden Gotteshäuser hinweisen, wird keine gezielte Besichtigung empfohlen.

Durch restauratorische Untersuchungen und Freilegungen treten immer wieder Befunde aus der Zeit der Ordensherrschaft zutage. Ein überaus spannendes Detail kann man am Hofzugang zum Grundstück Omirou-Straße 60 (Ομήρου 60) entdecken. Über dem Türsturz befindet sich eine 46 **ausgemalte Bogennische**, die wohl im 15. Jahrhundert mit Fresken ausgestattet worden ist. Man erkennt zwei Engel, die ihre Hände anbetend erheben. Die Malerei ist nur deshalb erhalten geblieben, weil die Nische in der Zeit der osmanischen Herrschaft zugemauert war. Sie ist der Rest eines vermutlich umfangreicheren Bildprogramms.

Neustadt am Mandraki-Hafen, links Fort St. Nikolaus

Neustadt

Die Italiener nutzten das Gebiet nahe dem Mandraki-Hafen, außerhalb der ummauerten Stadt, um hier eine Neustadt mit repräsentativen Großbauten zu errichten. Noch heute bilden die Bauten aus den 1920er und 1930er Jahren ein eindrucksvolles Ensemble der Architektur Italiens aus der Mussolini-Ära.

Bei der architektonischen Gestaltung wurde Motive mit Bezug zur Geschichte des Johanniterordens aufgegriffen. Besonders deutlich ist das bei der 47 **Evangelismos-Kirche**, ehemals Kathedrale San Giovanni, die die italienischen Architekten Rodolfo Petracco (1889–1961) und Florestano di Fausto (1890–1965) 1924 bis 1925 als Kathedrale des katholischen Erzbistums Rhodos erbauten. Dabei handelt es sich um einen Nachbau der Ordenskirche St. Johannes neben dem Großmeisterpalast, die 1856 durch eine Explosion zerstört worden war. Ihr Aussehen ist durch Stiche des 19. Jahrhunderts bekannt. Petracco und Di Fausto übernahmen die äußere Architektur wie auch die Raumgliederung des zerstörten Vorbilds und schufen einen rechteckigen steinernen Bau mit einfachen Rundbogenfenstern und gliedernden Gesimsen. Innen

Konventskirche St. Johannes der Täufer, Stich, 1828

Evangelismos-Kirche, ehemals Kathedrale San Giovanni

teilt sich die Kirche durch Arkaden in drei Schiffe mit jeweils offenem Dachstuhl. Dabei verzichtete man jedoch auf die Ausbildung eines hölzernen Tonnengewölbes im Mittelschiff sowie auf die Rippenwölbung der Ostteile. Wie beim mittelalterlichen Vorbild gibt es einen freistehenden Glockenturm. Dieser wurde an der Hafenseite angeordnet und durch Bogengänge mit der Kirche verbunden. Durch verschiedene Architekturzitate erhielt der Campanile die Anmutung eines Glocken- oder Stadtturms italienischer Städte. So verweist der Löwe von San Marco auf die Republik Venedig, die jedoch auf Rhodos nie die Herrschaft ausübte.
Nach der Übergabe der Dodekanes-Inseln an Griechenland wurde die Kathedrale in ein griechisch-orthodoxes Gotteshaus umgewandelt und der Verkündigung an Maria (Evangelismos) geweiht. Zur Umgestaltung des Innenraums trug maßgeblich die Ausmalung der Wandflächen bei, die zwischen 1951 und 1961 ausgeführt wurde. Heute ist die Evangelismos-Kirche als Kirche des Metropoliten die wichtigste orthodoxe Kirche auf der Insel Rhodos.
An das Kirchenschiff schließt sich die im spätgotischen Stil erbaute **Residenz des katholischen Erzbischofs** an, die heute vom orthodoxen Metropoliten genutzt wird. Es folgt ein langgestrecktes Bauwerk, das in den Baudetails unverkennbar dem Dogenpalast in Venedig nachempfunden wurde. Es handelt sich um den früheren **Palazzo del Governo**, die Residenz der italienischen Governeure, erbaut 1926 bis 1927 nach Plänen von Florestano di Fausto. Auf der Landseite begrenzt dieser Nachbau venezianischer Gotik einen Stadtplatz, der vom Theater und von der früheren **Casa del Fascio**, dem Haus der faschistischen Partei Italiens, umrahmt wird. Das heutige Gebäude der Stadtverwaltung, erbaut 1936 bis 1939, besitzt eine strenge, schmucklose und dadurch sehr monumentale Platzfront.
Als weitere Bauten italienischer Herrschaft am Mandraki-Hafen sind die **Post**, die **Bank**, der **Justizpalast (Palazzo di Giustizia)** sowie der **Neue Mark**t hervorzuheben.

Arkaden im Erdgeschoss des Gouverneurspalastes in Rhodos

Lindos mit Akropolis

ORTE AUF DER INSEL RHODOS

In Rhodos (Stadt) ist das ritterzeitliche Erbe besonders gut erhalten und in weiten Teilen der Altstadt eindrucksvoll erlebbar. Doch findet man auch außerhalb dieser touristischen Verdichtungszone der Insel Bauten und Orte, die vom Johanniterorden geprägt worden sind – oft in spektakulärer landschaftlicher Lage und selbst in der Hauptsaison nicht überlaufen. Für die nachfolgende Beschreibung wurden die Johanniterorte ausgesucht, die aufgrund vorhandener architektonischer und historischer Werte für einen Besuch am attraktivsten sind. Die kleineren Burgruinen, Wachttürme und Mauerreste werden hier nicht behandelt.
Die erhaltenen Bauten des Johanniterordens außerhalb von Rhodos (Stadt) sind überwiegend Burgen, die markante Felsen nahe der Küste der Insel besetzten und so eine Beobachtung und Verteidigung der Küstenzone ermöglichten. Die johanniterzeitlichen Mauern sind an ihren Zinnen gut zu erkennen, denn die Ritter verwendeten üblicherweise einfache oder doppelt eingekerbte

Schwalbenschwanzzinnen. Wie bei den Befestigungsanlagen der Stadt Rhodos sind an den Außenseiten der Burgmauern meist Wappensteine mit den Wappen der Großmeister angebracht, die den Bau oder Ausbau der Burg veranlassten. Die Burgen sind nach der Eroberung der Insel durch die Türken nicht mehr militärisch genutzt worden und daher durchweg zu Ruinen verfallen. Dennoch haben sich eindrucksvolle Wehr- und Verteidigungsanlagen erhalten.

Die Orte werden in ihrer Abfolge entlang der Küstenstraße beschrieben, wenn man entgegen dem Uhrzeigersinn um die Insel fährt, zunächst beginnend mit der Westseite der Insel.

Die meisten der hier beschriebenen Orte sind nicht oder nur schwer mit öffentlichen Verkehrsmitteln zu erreichen. Es wird empfohlen, die Insel mit einem Mietwagen zu erkunden.

Filerimos, Franziskanerkloster mit Resten ritterzeitlicher Bauten

Filerimos

Zwischen der Inselhauptstadt Rhodos und dem Flughafen erhebt sich nahe der Küstenstadt Ialyssos (Trianda) der 267 Meter hohe Tafelberg Filerimos (Φιλέρημος). Das Plateau ist über eine Serpentinenstraße zu erreichen. Die besondere geografische Lage mit weitem Ausblick auf die umgebenden Teile der Insel ist seit der Bronzezeit von Menschen genutzt worden. Auf dem Berg befand sich die Akropolis der antiken Stadt Ialyssos, woran noch heute die ergrabenen Fundamente eines Tempels aus dem 3. oder 2. Jahrhundert vor Christus erinnern. In der byzantinischen Epoche gehörte Filerimos zu den stärksten Befestigungen auf Rhodos. Das gesamte Plateau war von einer Wehrmauer umgeben, die durch Türme verstärkt war und wohl ins 12./13. Jahrhundert zu datieren ist. Die Johanniter besetzten 1306 den Berg und errichteten im 14. Jahrhundert an der Ostspitze des Berges unter Verwendung älterer byzantinischer Mauern eine Burg. Die Gebäude, die heute innerhalb der Ummauerung zu besichtigen sind, gehören zu einem italienischen Franziskanerkloster, das 1931 an diesem Standort eröffnet und nach der Übergabe der Insel an Griechenland aufgelöst und geschlossen wurde. Der Komplex wurde zwar von der griechisch-orthodoxen Kirche übernommen, wird aber von ihr nicht aktiv genutzt. Mönche leben in den Klostergebäuden nicht mehr.

Der Kernbau enthält mehrere johanniterzeitliche Kapellen. Diese wurden wohl Ende des 15. Jahrhunderts an eine ältere, heute nicht mehr vorhandene Saalkirche angebaut, die wiederum aus einer frühchristlichen Basilika des 5. oder 6. Jahrhunderts hervorgegangen war. An der Westseite befindet sich eine einschiffige Kapelle mit einem polygonalen Abschluss. Über Durchgänge links und rechts des Altars gelangt man in zwei sechseckige Kapellenräume, die jeweils von einem sechsteiligen Rippengewölbe überdeckt werden. Wandöffnungen mit Gittern ermöglichen den Durchblick zur größten Kapelle im Osten, die aufgrund der Raumsituation eine polygonale Westseite aufweist. Warum hier diese untypische Bauweise aneinandergefügter, unregelmäßiger

Filerimos, Kapelle Agios Georgios Chostos

Mehreckbauten gewählt wurde, erschließt sich nicht. Auch kann an der um 1930 stark überformten Bausubstanz nicht mehr abgelesen werden, welche Raumkompartimente älter sind und welche später angebaut wurden. Die gotischen Rippengewölbe ähneln sich und sind wohl in einer Bauepoche ausgeführt worden.
Die vorhandenen Bauten wurden um 1930 umgestaltet und erweitert. Neben dem westlichen Kapellenraum entstand ein gedrungener Glockenturm mit einem achtspitzigen Johanniterkreuz an der Außenseite. Man ergänzte einen Kreuzgang, der von den Zellen der Franziskanermönche umgeben ist, sowie einen zweigeschossigen Gang, der zum Konventsgebäude der Franziskaner führt. Eine lateinische Inschrift über dem Eingang erinnert an die Wiedererrichtung des Marienheiligtums und Klosters 1931. Filerimos hatte während der Ordensherrschaft nie etwas mit dem Franziskanerorden zu tun. Durch die Wiederbelebung des Standorts und die Verwendung des Johanniterkreuzes, das mehrfach in den Neubauten vorkommt, stellten sich die italienischen Franziskaner ganz bewusst in die Nachfolge des Ritterordens. Sie begründeten damit die Zugehörigkeit der Insel zur römisch-katholischen Welt.
Im Johanniter-Ordenshaus Filerimos wurde zwischen 1490 und 1522 die Muttergottes vom Berg Philermos aufbewahrt. Die Johanniter verehrten die um 1200 entstandene byzantinische Ikone als Gnadenbild. Nach dem Rückzug der Johanniter 1522 gelangte die Ikone auf die Insel Malta. Dort wurde sie zuletzt bis zum Ende des Ordensstaates in der Kathedrale San Giovanni aufbewahrt. 1799 verbrachte Zar Peter I. die Ikone nach St. Petersburg. Infolge der Oktoberrevolution in Russland gelangte sie über mehrere Umwege nach Montenegro. Heute befindet sich das Bild der Muttergottes, umgeben von Szenen aus der Ordensgeschichte, in Cetinje im Nationalmuseums Montenegros.
Das kulturgeschichtlich bedeutendste Bauwerk in Filerimos ist eine größtenteils unterirdische Kapelle links vom Eingangstor. Die Kapelle Agios Georgios Chostos („der vergrabene St. Georg") ist in die äußere Böschung des Burghügels eingefügt. Der schmale Saalbau mit Tonnengewölbe wurde während der Herrschaft des Johanniterordens errichtet und enthält innen eine alle Wandflächen bedeckende, hervorragend erhaltene Ausmalung, die ins

späte 14. oder frühe 15. Jahrhundert datiert wird. Der gute Erhaltungszustand erklärt sich daraus, dass der Zugang wohl bis ins 19. Jahrhundert verschüttet war. An der flachen Ostseite – eine Apsis wurde nicht ausgebildet – sieht man über dem Altar eine frühe Form des achtspitzigen Johanniterkreuzes mit Punkten an den Enden. Ein Fresko, das der Kapelle den heute verwendeten Namen gab, zeigt den heiligen Georg im Kampf gegen den Drachen. Der berühmte Ritterheilige verweist demonstrativ auf die Johanniter und ihren ritterlichen Auftrag. An den Längsseiten sieht man in der unteren Zone heilige Männer und Frauen. Vor diesen Schutzheiligen knien Ritter des Johanniterordens. Gekleidet in einen Harnisch und gerüstet mit einem Schwert, haben sie die Hände zum Gebet erhoben. Zwischen den Rittern sind Wappen abgebildet. Rechts erscheint mehrfach das gleiche Wappen, doch es ist nicht bekannt, auf welche Adelsfamilie es sich bezieht. Die oberen Zonen enthalten links die Passion Jesu Christi sowie rechts Darstellungen aus dem Leben der Maria.

Filerimos, Kapelle Agios Georgios Chostos, Wandmalerei mit betenden Ordensrittern vor Heiligen

Filerimos gehört zum Besichtigungsprogramm von Ausflügen und Inselbesichtigungen und ist daher in der Hauptsaison stark überlaufen. Es wird daher ein Besuch vor 10:00 Uhr empfohlen. Vom ehemaligen Franziskanerkloster führt ein Kreuzweg zu einem Aussichtspunkt mit einem hohen Betonkreuz. Von dort hat man einen Ausblick auf den Nordwestteil der Insel.

Öffnungszeiten: 8:00 Uhr bis 20:00 Uhr.

Burg Kritinia

Kritinia

Zwischen den Dörfern Kamiros Skala und Kritinia erhebt sich an der Westseite der Insel ein markanter Burgberg mit weitem Ausblick auf das Umland und die vorgelagerten Inseln Alimia und Chalki. Die Burg ist heute unter den Namen Kritinia (Κρητηνία) und Kastellos (Κάστελλος) bekannt. Der mittelalterliche Name ist nicht überliefert. Die Johanniter nutzten einen Standort, der bereits in byzantinischer Zeit bebaut war. Reste älterer Mauern haben sich im Hanggelände erhalten.

Die weithin sichtbare Burg besetzt ein zur Küste abfallendes Felsmassiv. Der Zugang befindet sich an der Landseite zwischen zwei Türmen. An der höchsten Stelle steht ein in Resten erhaltener Wohnturm. Von dort führt eine Schildmauer, in eine kleine Mauerpforte als einziger Burgzugang eingefügt ist, zum Kapellenturm. Dieser Bau besitzt eine polygonale, aus drei Seiten eines Achtecks zusammengesetzte Ostpartie. Innen befindet sich die dem heiligen Georg geweihte Burgkapelle, ein Längsraum mit

Spitztonne und Apsis. Unter dem Altarraum ist ein Raum mit Schießkammern für Armbrust- und Bogenschützen angeordnet. An die Oberburg schließt sich eine dem abfallenden Gelände angepasste Unterburg an. Die Nordostecke wird durch ein turmartiges Rondell gesichert. Innen sind Reste von Einbauten zu erkennen. Zisternen ermöglichten eine Versorgung der Burgbesatzung mit Wasser.

Die Wappen an der Außenseite der Burgmauern erlauben eine Datierung der Burg. Demnach wurde der Wohnturm auf dem Gipfel des Burgfelsens um 1470 unter Großmeister Giovanni Battista Orsini errichtet. Danach entstanden im ausgehenden 15. Jahrhundert das südliche und östliche Teilstück der Ringmauer und der Kapellenturm. Dieser enthält ein Wappenrelief mit dem Wappen des Johanniterordens und des Großmeisters Pierre d´Aubusson. Der Ausbau der Unterburg vollzog sich im frühen 16. Jahrhundert. An der Außenseite der Nordmauer sind die Wappen der Großmeister Émery d´Amboise und Fabrizio del Carretto angebracht. Unter dem Wappen des Großmeisters d´Amboise, der 1512 starb, ist die Jahreszahl 1515 zu lesen, was wohl so zu deuten ist, dass die Unterburg in diesem Jahr unter der Herrschaft del Carrettos fertiggestellt wurde.

Die Burg kontrollierte die Westseite der Insel und den Seeweg zwischen Rhodos und den Nachbarinseln Alimia und Chalki. Zudem hatte man von hier die kleinen unbewohnten Felseninseln im Kanal zwischen Rhodos und Chalki im Blick.

Die Burg wurde 1522 verlassen und blieb danach ohne Nutzung. Die Burgruine wurde um 2010 einer Restaurierung unterzogen. Dabei hat man loses Mauerwerk verfugt, Fehlstellen ergänzt und ausgebrochene Gewände erneuert. Alle Tür- und Fenstergewände des Kapellenturms sind erneuert.

Die Burg Kritinia ist ganzjährig für Besucher geöffnet. Eintritt wird nicht erhoben. Eine Treppenanlage führt zum Burgeingang. Die Kapelle ist nicht für Besucher geöffnet.

Burg Monolithos

Monolithos

Die Burg Monolithos (Μονόλιθος) gehört aufgrund ihrer landschaftlich eindrucksvollen Lage zu den spektakulärsten Burganlagen des Johanniterordens auf Rhodos. Monolithos („einzelner Stein") ist ein Felsmassiv im Südwesten der Insel außerhalb des Dorfes Monolithos. Der markante Kalkfelsen ist dem Küstengebirge vorgelagert. Die bis zu 200 Meter senkrecht abfallenden Steilhänge machten die Burg uneinnehmbar. Der einzige Zugang befindet sich an der Ostseite, wo ein Treppenweg den Burgfelsen hinaufführt. Wann der einsam liegende Felsen zuerst besiedelt und bebaut wurde, ist nicht bekannt. Man vermutet, dass an diesem Standort eine byzantinische Burg bestand, die von den Johannitern ausgebaut wurde. Hinweise auf Baudaten gibt es nicht, da Wappensteine oder Jahreszahlen fehlen. Im 19. Jahrhundert war noch ein Wappen des Großmeisters Pierre d´Aubusson vorhanden, was auf einen Ausbau um 1480 deutet.

Die Ringmauer mit Schwalbenschwanzscharten und einem innen verlaufenden Wehrgang folgt der Außenkante des Burgfel-

Burg Monolithos, Kapelle St. Panteleimon

sens. Teile dieser Befestigung sind noch vorhanden, Teile jedoch abgestürzt.

Das Burgtor ist als einfaches Mauertor ausgebildet. Es wird von einem turmartigen Bauwerk auf quadratischem Grundriss flankiert. Links des Tores befinden sich Reste eines Wohngebäudes. Gegenüber erhebt sich die weiß gestrichene Burgkapelle St. Panteleimon, die bis heute in kirchlicher Nutzung ist. Der einschiffige Bau mit Tonnengewölbe besitzt an der Ostseite eine Apsis. An der Nordseite kann man nahe der Felskante ein Gebäude mit Tonnengewölbe entdecken, dessen ursprüngliche Nutzung nicht gesichert ist. Vom Burgfelsen hat man einen weiten Blick über die Küstenlandschaft im Südwesten der Insel Rhodos.

Die Burg Monolithos ist ganzjährig für Besucher geöffnet. Eintritt wird nicht erhoben. Eine Treppenanlage führt zum Burgeingang. Parkplätze befinden sich unmittelbar unterhalb des Burgfelsens.

Burg Asklipio

Asklipio

Das Dorf Asklipio (Ασκληπιείο) liegt südwestlich von Lindos vier Kilometer abseits der Ostküste der Insel Rhodos. Über dem Dorf erhebt sich auf einem Kalkfelsen die Burg Asklipio, die zwar klein ist, aber durch ihren guten Erhaltungszustand einen hervorragenden Eindruck von den militärischen Befestigungen des Johanniterordens im 15. Jahrhunderts auf der Insel Rhodos vermittelt. Von der Küste nicht einsehbar, hatte die Burg vermutlich nur die Aufgabe, die Herrschaft über das Dorf und das umgebende landwirtschaftlich genutzte Gebiet zu sichern. Die Ringmauer mit Schwalbenschwanzzinnen umgibt ein unregelmäßiges Viereck. Der Zugang befindet sich an der Ostseite nahe der verstärkten, gerundet ausgebildeten Südwestecke. Dem Burgtor ist ein Zwinger vorgelegt, dessen Außenmauer teilweise eingestürzt ist. Über dem Tor befinden sich auskragende steinerne Konsolen, die einen Wurferker (Maschikuli) trugen. In einer rechteckigen Nische über dem Burgtor war ein Marmorrelief angebracht, von der vor Ort nur die linke obere Ecke erhalten geblieben ist. Das fehlende Stück diente bis 1982 als Altarplatte in der Kirche des Erzengels Michael in Asklipio. Heute wird die Marmorplatte im Großmeisterpalast in Rhodos aufbewahrt. In der Mitte befand sich ein – beim Umsetzen in die Kirche abgemeißeltes – Bildnis der Gottesmutter Maria mit dem Jesuskind, rechts flankiert von einer Tiara mit gekreuzten Schlüsseln, dem Symbol des Papstes. Unten sieht man links drei und rechts vier kniende Ritter, die ihre Hände betend zu Maria erhoben haben. Die Reliefplatte ist deshalb von Bedeutung, weil sie eine der wenigen erhaltenen Stiftungsinschriften einer Johanniterburg in der Dodekanes enthält. Die lateinische Inschrift nennt vier der sieben Ritter – Giovanni Detranova, Roderico Dacri, Antonio Constantino und Giovanni Cafuro – und enthält die Jahreszahl 1471. Demnach ist die heute noch vorhandene Burgbefestigung um 1470 erbaut worden.

Relief, das ehemals über dem Tor der Burg Asklipio angebracht war

Im Inneren der Burg kann man zwei gemauerte und gewölbte Zisternen erkunden. An der Nordwestecke, der höchsten Stelle des Burgfelsens, erhebt sich ein Wachtturm, der offenbar nachträglich an die ältere Ringmauer angefügt wurde. Die Burg wurde nach der osmanischen Eroberung der Insel nicht mehr genutzt. Einige Mauerteile wurden während der italienischen Herrschaft gesichert. Heute bedarf die Burgruine erneut einer Sicherung, denn die Südwestecke ist von bedrohlichen Rissen durchzogen.

Die Burg Asklipio ist ganzjährig für Besucher geöffnet. Eintritt wird nicht erhoben. Mit dem Auto kann man auf einer Betonstraße bis zum Fuß des Burgfelsens fahren, dazu in der Dorfmitte von Asklipio der Ausschilderung folgen. Im Dorf kann die Kirche der Entschlafung der Gottesmutter (Ιερός Ναός Κοιμήσεως της Θεοτόκου) mit ihren Wandmalereien aus dem 17. Jahrhundert besichtigt werden.

Lindos

Das an der Ostküste von Rhodos auf einer Halbinsel gelegene Lindos gehört zu den großen Besucherattraktionen der Mittelmeerinsel. Das liegt an der eindrucksvollen Lage der Akropolis und der malerischen Bauweise der Altstadthäuser.

Der hoch aufragende Burgfelsen mit der Akropolis wird von zwei Buchten eingerahmt. Im Sattel zwischen diesen Buchten, die als Naturhäfen dienen, liegt die Stadt Lindos, die fast ausschließlich aus weiß gestrichenen Häusern besteht.

Auf dem Burgfelsen lag die Akropolis des antiken Stadtstaats Lindos. Auch in byzantinischer Zeit wurde die Anlage vermutlich als befestigte Siedlung weitergenutzt. Der Johanniterorden baute die Befestigungen weiter aus.

Man erreicht die Akropolis über einen steilen Pfad an der Nordwestseite. Ein einfaches Mauertor öffnet sich zur Vorburg, die von einer Zinnenmauer umgeben ist. Innerhalb der Vorburg haben sich keine mittelalterlichen Gebäude erhalten. Eine Treppenanlage führt von dort zur Oberburg. Man betritt sie durch ein Tor- und Palastgebäude, das in den 1480er Jahren unter Großmeister Pierre

Lindos, ritterzeitliche Bauten auf der Akropolis

d´Aubusson erbaut wurde. Das Tor ist durch einen Wurferker gesichert. Hatte ein Angreifer dieses Tor bezwungen, konnte er in der Torhalle aus Seitenräumen durch Schießscharten beschossen werden. Das Palastgebäude, dessen Obergeschoss nicht zugänglich ist, lehnt sich mit seiner Längsseite an die im 13. Jahrhundert erbaute dreischiffige Kirche des heiligen Johannes an. Die übrigen ritterzeitlichen Bauten in der Oberburg wurden in den 1930er Jahren beseitigt, als italienische Archäologen hier die Reste der antiken Akropolis, darunter den Athena-Tempel, freilegten.
Die griechisch-orthodoxe Marienkirche in der Altstadt (Παναγία της Λίνδου) enthält spätgotische Bauelemente. Die spätbyzantinische Kreuzkuppelkirche wurde 1489/90 unter Großmeister Pierre d´Aubusson erweitert und umgebaut. Dabei erhielt sie eine Vorhalle mit Kreuzrippengewölbe.

Die Akropolis von Lindos erhebt sich oberhalb der Altstadt und ist nur zu Fuß zu erreichen. Der ausgeschilderte Weg führt durch die Gassen der Stadt und dann weiter über Treppen zum Burgtor.
Öffnungszeiten: 8:00 Uhr bis 19:40 Uhr. Es wird Eintritt erhoben.

Burg Feraklos, Befestigung auf der Südseite

Feraklos

An der Ostküste der Insel erhebt sich unweit des Dorfes Charaki auf einer Halbinsel zwischen zwei Buchten ein Felsmassiv mit steil abfallenden Kanten und einem weitgehend ebenen Plateau. Wie die ruinösen Mauern anzeigen, befand sich hier die Burg Feraklos (Κάστρο Φεράκλου). Der markante Felsen wurde bereits in byzantinischer Zeit befestigt und bebaut. 1306 eroberten die Johanniter die Burg Feraklos als eine der ersten Befestigungen auf Rhodos, womit sie einen Brückenkopf zur Eroberung der Insel gewannen. Seit dem 14. Jahrhundert wurde die Burg von den Johannitern kontinuierlich genutzt und ausgebaut. Eine schlüssige Baugeschichte lässt sich anhand der sichtbaren Befunde nicht erstellen. Zudem fehlen Wappen und Inschriften.

Die Burg Feraklos gehört zu den größten Befestigungsanlagen auf Rhodos, ist aber zugleich eine der am schlechtesten erhaltenen. Restaurierungen haben bisher nicht stattgefunden. Große Teile der Ringmauer sind abgestürzt oder eingefallen.

Der Zugang der Burg befindet sich an der Westseite. Hier führt eine ritterzeitliche Treppenanlage, die teilweise weggebrochen ist, zum Steilhang des Burgfelsens. Über eine Rampe an der Süd-

westseite gelangt man zum heute nicht mehr erkennbaren Tor. Die rund einen Kilometer lange Ringmauer folgt der Felskante und springt daher mehrfach vor und zurück. Zwischen die Felsen wurden teilweise geböschte Mauerpartien eingefügt, die es unmöglich machten, die Burg von außen anzugreifen. Türme sind nicht vorhanden. Teile des Mauerwerks stammen noch aus der byzantinischen Zeit. Die stärkste Befestigung befindet sich an der Südseite oberhalb des Dorfes Charaki. Hier erhebt sich eine hohe, dicke Mauerpartie, die von zwei Halbtürmen (Tourellen) flankiert wird. Diese Befestigung aus dem ausgehenden 15. Jahrhundert war vermutlich als Geschützplattform geplant. Auf der Innenseite befinden sich Reste von Gewölberäumen. Auf dem Plateau sind verschiedene Mauerreste zu erkennen. In einer großen Zisterne, deren Gewölbe teilweise eingestürzt ist, wurde Regenwasser gesammelt. Auf einem felsigen Gipfel im Norden des Burgareals sind die Fundamente eines Rundbaus zu erkennen. Der Rundturm, der hier die höchste Stelle des Burgfelsens bekrönte, dürfte in byzantinischer Zeit erbaut worden sein.
Die Burg Feraklos war einer der Verwaltungsmittelpunkte des Johanniterordens auf Rhodos. In der fruchtbaren Ebene unterhalb des Burgfelsens wurde Zuckerrohr angebaut. Bei archäologischen Ausgrabungen westlich der Burg wurden Reste einer Zuckermühle dokumentiert, in der die Zuckerrohrstangen ausgepresst und der Zuckersaft verarbeitet wurden. Die Burg wurde nie erobert und 1523 mit dem Abzug des Johanniterordens aus Rhodos geräumt. Sie ist von den Osmanen nicht weitergenutzt worden.

Die Burg Feraklos ist ganzjährig für Besucher geöffnet. Eintritt wird nicht erhoben. Der Zugang zur Burg erfolgt nur über unbefestigte Pfade. Parkplätze befinden sich an der Westseite unmittelbar unterhalb des Burgfelsens. Bei der Anfahrt aus Richtung Rhodos oder Lindos ist zunächst in Richtung Charaki von der Hauptstraße abzubiegen. Nach etwa einem Kilometer zweigt eine Straße nach links zum Agathi-Strand ab. Wegweiser kennzeichnen die Stelle des Burgzugangs.

Burg Archangelos, Stadtseite

Archangelos

Das Städtchen Archangelos (Αρχάγγελος, deutsch „Erzengel“ nach dem Erzengel Michael) liegt im Osten der Insel Rhodos nahe der Küste, ist aber von dieser durch ein Bergmassiv getrennt. Auf einem Ausläufer dieses Berges thront, hoch oberhalb der Ortslage, die Burg Archangelos. Da keine Befunde über antike oder byzantinische Vorgängerbauten vorliegen, ist davon auszugehen, dass die Burg durch den Johanniterorden errichtet wurde. Anlass war wohl ein türkischer Überfall im Jahr 1457, bei dem die meisten Bewohner des Ortes in die Sklaverei verschleppt worden sind.
Die Baugeschichte der Burg wird durch zwei Wappenpaare dokumentiert, die gut sichtbar an der Nordseite in die Schildmauer eingelassen sind. Das linke Wappenpaar, umgeben von einer Umrahmung mit Flechtband, bezieht sich auf den Großmeister Jacques de Milly. Unter seiner Herrschaft wurde um 1460 mit dem Bau der Burg begonnen. Das Wappenpaar rechts mit der Jahreszahl 1467 in gotischen Minuskeln erinnert an den weitgehenden Abschluss der Arbeiten unter Großmeisters Pedro Raimondo Zacosta.

Burg Archangelos, Ostseite

Die Ringmauer mit Wehrgang und Schwalbenschwanzzinnen umschließt ein längliches Viereck. Am stärksten ist die Nordseite befestigt, an der sich auch der Zugang befindet. An der Nordwestecke, der höchsten Stelle, sind Reste steinerner Gebäude zu erkennen. In der Nordostecke steht eine kleine tonnengewölbte Kapelle, die noch heute als griechisch-orthodoxes Gotteshaus genutzt wird. Von der Burg hat man keine Sichtverbindung zur Küste oder zu anderen Burgen. Das legt nahe, dass sie erbaut wurde, um im Angriffsfall die Bevölkerung von Archangelos aufzunehmen. Inwieweit sie diese Schutzfunktion auch wahrnehmen konnte, ist nicht bekannt. Als 1479 Krieg drohte, wurden die Bewohner aufgefordert, in der nur wenige Kilometer entfernten Burg Feraklos Schutz zu suchen. An der Außenmauer der Burg Archangelos wurde während der Militärdiktatur in Griechenland die Aufschrift „OXI" („Nein") angebracht, was noch heute in großen weißen Buchstaben zu lesen ist.

Die Burg Archangelos ist ganzjährig für Besucher geöffnet. Eintritt wird nicht erhoben. Eine Zufahrt zum Burgfelsen mit dem Auto ist nicht möglich. Fahrzeuge sind in der Ortsmitte zu parken. Der Weg durch die Altstadt hinauf zum Burgfelsen ist nur unzureichend ausgeschildert.

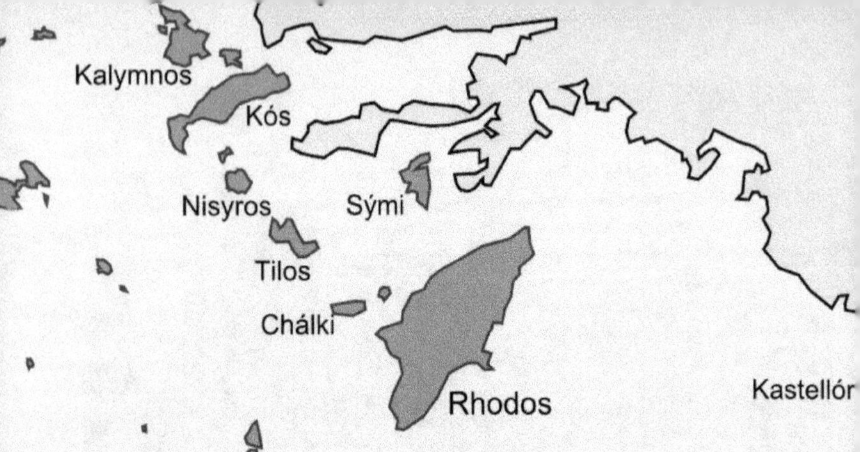

AUSFLÜGE AUF DIE INSELN

Der Ordensstaat des Johanniterordens umfasste nicht nur die Insel Rhodos, sondern auch die Dodekanes-Inseln Alimia, Chalki, Kalymnos, Kos, Leros, Nisyros, Symi, Telendos und Tilos sowie die weiter entfernt vor der kleinasiatischen Küste liegende Insel Kastelorizo. Diese Inseln hatten eine mehrfache Bedeutung für den Orden. Einerseits erbrachten sie Einnahmen durch landwirtschaftliche Nutzung bzw. durch die Verlehnung an Feudalherren, andererseits sicherten sie den Seeweg zwischen Alexandria und Konstantinopel, der durch die Inselwelt führte. Wie Burgen und Wachttürme noch heute zeigen, befestigten die Johanniter diese Inseln. Nicht alle diese Inseln sind aber einfach zu erreichen, und nicht alle Burgen sind so gut erhalten, dass sich Anreise und Besichtigung lohnen. Nachfolgend werden ausgewählte Inselburgen vorgestellt, die sich von Rhodos aus in Tagestouren erkunden lassen.

Das Schifffahrtsunternehmen Dodekanisos Seaways bietet einen Fährverkehr zwischen Rhodos und den Dodekanes-Inseln an. Die Schiffe legen am Kolona-Hafen vor der Altstadt von Rhodos ab. Dort befindet sich auch Ticketverkauf und Information (**Öffnungszeiten:** 7:00 bis 21:30 Uhr). Abgesehen von den täglichen Verbindungen zur Insel Symi werden die übrigen Inseln nur ein- bis dreimal in der Woche angefahren. Der aktuelle Fahrplan kann unter www.12ne.gr abgerufen werden.

Burg Chalki mit Ausblick auf die Inseln zwischen Chalki und Rhodos

Chalki

Chalki (griechisch Χάλκη, italienisch Chalchi) ist die westliche Nachbarinsel von Rhodos. Die Felseninsel ist heute weitgehend kahl, früher allerdings war sie bewaldet und landwirtschaftlich genutzt. An den Hängen sind verfallene Terrassen zu erkennen, die es ermöglichten, das Regenwasser zurückzuhalten und Getreide anzubauen. Der größte Ort der Insel war Chorio (Χωριό) unterhalb der Johanniterburg. Die Uferzone war ursprünglich nicht besiedelt, weil man die Überfälle und Plünderungen durch Piraten und andere Seemächte befürchten musste. Als im 19. Jahrhundert die Piraterie im Mittelmeer beseitigt war, entstand der Hafenort Imborio (Ημποριό). Chorio wurde bis zur Mitte des 20. Jahrhunderts verlassen und ist heute – mit Ausnahme weniger Häuser – unbewohnt.

Chalki gehörte von 1312 bis 1522 zum Ordensstaat der Johanniter. Die Insel wurde von Rhodos aus verwaltet. 1366 verlehnte der Orden die Inseln Chalki, Alimia und Tilos an Borello Assanti. Mit dem Aussterben der Familie Assanti fiel der Besitz an den Orden zurück. Wegen häufiger türkischer Überfälle wurde die

Bevölkerung 1475, 1480 und 1493 nach Rhodos evakuiert. Am 15. April 1522, noch vor dem Beginn der türkischen Belagerung von Rhodos, wurde Chalki von türkischen Truppen besetzt. Bis 1912 gehörte die Insel zum Osmanischen Reich.

Die Burg Chalki gehört zu den eindrucksvollsten Ordensburgen im Mittelmeerraum. Sie besetzt den Felsgrat eines 305 Meter hohen Berges, der Paleokastro („Alte Burg") oder Ai Nikolas („St. Nikolaus") bezeichnet wird. An dieser Stelle erhob sich eine antike Akropolis, von der sich einige überwiegend zweitverwendete Marmorblöcke, zum Teil mit Inschriften, erhalten haben. Der Zugang befindet sich auf der Nordseite. Treppen führen zwischen den Häuserruinen des Dorfes Chorio, vorbei an drei kleinen griechisch-orthodoxen Kirchen, zum Burgzugang. Die Ringmauer folgt dem Verlauf der Felskante am Steilabfall. Sie ist an der Nordseite samt Wehrgang und Schwalbenschwanzzinnen gut erhalten. Vom Mauerzug an der Südseite sieht man nur noch die unteren Partien. Ein Wappenstein des Großmeisters Pierre d´Aubusson an der Nordseite nahe dem Eingangstor, versehen mit einem Kardinalshut, belegt, dass der Ausbau der Ringmauer zwischen 1489 und 1503 erfolgt sein muss.

Das äußere Burgtor wird durch einen vorspringenden Rechteckturm gedeckt. Man erreicht dann einen stark befestigten quadratischen Bau, der die Ostspitze der Burg sichert. Durch ihn gelangt man zum inneren Burgtor, das von gewaltigen antiken Steinquadern eingefasst wird. An der Südseite erkennt man den Rest eines polygonal auskragenden Turms. Die erhaltenen Schießscharten belegen, dass man die Burg mit Feuerwaffen verteidigen konnte. Die Verteidiger konnten von diesem Turm aus mit Büchsen die steile Südseite bestreichen.

In der Mitte des langgestreckten, aber schmalen Burgareals steht die Kapelle St. Nikolaus. Der – mit Ausnahme des Ostfensters – fensterlose Rechteckbau besitzt einen etwas eingezogenen Chor und eine halbrunde Apsis- Gurtbögen gliedern das Tonnengewölbe. Die Wandflächen waren ehemals mit Fresken des 15. Jahrhunderts ausgemalt. Davon sind einige, teilweise großflächige Reste erhalten geblieben. So erkennt man an der Südseite ein Bildregister mit dem heiligen Nikolaus, der auf einem Schiff sitzt.

Burg Chalki, davor die Ruinen des Dorfes Chorio

Dem Bautyp dieser Kapelle – Rechteckbau mit Tonnengewölbe und Apsis – folgen auch die anderen Kirchen in Chorio. Am Hang stehen mehrere Kirchenruinen sowie die noch genutzten Kirchen Panagia Choriane und St. Konstantin und Helena, deren Außenmauern ritterzeitlichen Ursprungs sein könnten.
Die Burg Chalki wurde zwischen 2010 und 2016 umfassend restauriert. Man verfugte lockeres Mauerwerk, sicherte die Mauerkronen und legte einen Treppenzugang an. Das teilweise eingestürzte Tonnengewölbe der Kirche St. Nikolaus wurde wiederaufgebaut.

Dodekanisos Seaways fährt Chalki in der Hauptsaison zweimal wöchentlich an (dienstags, donnerstags). Vom Hafenort Imborio führt eine anfangs gepflasterte, dann asphaltierte Straße zur Badebucht Pondamos und dann weiter in Serpentinen zum verlassenen Inseldorf Chorio mit der Johanniterburg. Da es auf Chalki keinen öffentlichen Nahverkehr und nur wenige Fahrzeuge gibt, kann die Burg nur durch eine Wanderung erkundet werden. Für Hin- und Rückweg sind mindestens drei Stunden einzuplanen. Da die Insel – mit Ausnahme einiger Olivenpflanzungen außerhalb des Hafenortes – unbewaldet ist, gibt es keinen schützenden Schatten.

Burg Nisyros, heute Kloster Panagia Spilianis

Nisyros

Die Vulkaninsel Nisyros (griechisch Νίσυρος, italienisch Nisiro) ist durch vulkanische Aktivitäten und Eruptionen entstanden, bei denen die zentrale Caldera einbrach und ein Vulkankrater entstand. Die fruchtbare Vulkanasche eignete sich besonders für eine landwirtschaftliche Nutzung, die während der Herrschaft des Johanniterordens das Landschaftsbild prägte. Heute ist die Insel jedoch weitgehend kahl. Der Johanniterorden übernahm die Insel 1315 und übertrug sie im folgenden Jahr als Lehen an Giovanni und Buonavita Assanti aus Ischia. 1386 fiel Nisyros nach dem Aussterben der Familie Assanti an den Orden zurück, der sie erneut als Lehen vergab. Die Familie Assanti hatte eine bewaffnete Galeere zu stellen. Der Ordensritter Fantino Querini, der 1433 die Insel übernahm, bezahlte jährlich 600 Gulden und versprach, die Burgen mit genügend Mannschaften und Waffen zu versehen. Aufgrund türki-

scher Angriffe wurde die Bevölkerung 1471 und 1480 nach Rhodos evakuiert. 1522 besetzten die Türken die Insel.
Die eindrucksvollste Burg befindet sich im Hafenort Mandraki (Μανδρακί) auf einem in das Meer hineinragenden Felssporn. Von hier hatte man eine Sichtbeziehung zu den Nachbarinseln Gyali, Kos, Pyrgoussa und Pacheia.
Die Mauern wurden zu großen Teilen aus antikem Baumaterial errichtet. Das Erscheinungsbild wird durch die ritterzeitlichen Befestigungen und Umbauten aus dem 19. und 20. Jahrhundert geprägt, denn heute befindet sich in der Burg das griechisch-orthodoxe Kloster Panagia Spilianis (Παναγία Σπηλιανής). An der Ostseite sind Reste des Torzwingers, des Torbaus und der Ringmauer erhalten geblieben. Dahinter folgt die nach Süden ausgerichtete Schildmauer, der ein Halsgraben vorgelegt ist. Ein Wappenrelief zeigt die Wappen des Großmeisters Giovanni Battista Orsini, des Lehnsinhabers Nicolo da Corogna, der 1468 die Insel Nisyros in Besitz genommen hatte, und eines dritten, nicht bekannten Ritters. Davon ausgehend muss die Schildmauer um 1470 entstanden sein. Kragsteine belegen, dass es oben einen vorkragenden Wehrgang gegeben haben muss.
Die Ringmauerreste an der Ostseite sind vermutlich erst im ausgehenden 15. Jahrhundert unter Großmeister Pierre d´Aubusson erbaut worden. Das innere Tor konnte mit einer Zugbrücke verschlossen werden. Über dem Torweg ist eine Wappenreihe eingelassen. Der Kernbau ist mit dem griechisch-orthodoxen Kloster Panagia Spilianis überbaut, ohne dass man erkennen kann, ob sich in der vorhandenen Bausubstanz Reste der früheren Johanniterburg erhalten haben.

Dodekanisos Seaways fährt Nisyros in der Hauptsaison zweimal wöchentlich an (dienstags und donnerstags).
Die wichtigste Attraktion der Insel ist der Vulkankrater. Die Burg mit dem Kloster Panagia Spilianis und einem Kirchenmuseum können gegen Eintritt besichtigt werden.

Festung Narangia in Kos

Kos

Kos (griechisch Κως, italienisch Coo) ist die drittgrößte Dodekanes-Insel. Sie liegt nördlich der Inseln Chalki, Tilos und Nisyros vor der kleinasiatischen Küste. Auf dem gegenüberliegenden, fünf Kilometer entfernten Festland unterhielt der Johanniterorden die Festung St. Peter (heute Bodrum, Türkei). Die Insel wurde wiederholt von Erdbeben heimgesucht, zuletzt am 21. Juli 2017. Im Nordosten liegt die gleichnamige Stadt Kos, der Hauptort der Insel.
Kos wurde 1314 vom Johanniterorden besetzt, ging wieder verloren und konnte 1337 zurückgewonnen werden. Die Insel trug damals den Namen Lango. Die Inselhauptstadt wurde als Narangia bezeichnet, was sich von den Orangenbäumen ableitete, die in einem Hain die Stadt umgaben. Daraus entwickelte sich der griechische Name Neratzia (Νερατζιά), der noch heute die Festung am Hafen bezeichnet.
1522 wurde Kos von den Türken eingenommen. Von 1922 bis 1943 gehörte Kos zu den Italienischen Ägäis-Inseln.

Die Altstadt wurde durch ein katastrophales Erdbeben am 23. April 1933 fast vollständig zerstört. Die Italiener entschieden sich, die Bebauung abzutragen und die antike Stadt freizulegen. Die Altstadt, die heute eine archäologische Zone bildet, war von einer Stadtmauer umgeben, die die Johanniter erbaut hatten. Teile der Stadtmauern wurden im 19. Jahrhundert abgebrochen. Erhalten blieben lediglich das Tor auf der Westseite, das heute in den Ausgrabungsbereich führt, und das Rondell an der Südwestecke der ummauerten Stadt. Es dürfte im frühen 16. Jahrhundert erbaut worden sein und diente als Kanonenstellung.

An der Ostseite des Hafens erhebt sich die Johanniterfestung Narangia, eines der größten Bauwerke des Johanniterordens im Mittelmeerraum. Da die Befestigung in der flachen Uferzone liegt und Kos nicht von Bergen umgeben ist, kann man sie von außen schwer einsehen. Die Festung ist aus einer älteren Burg des 14. Jahrhunderts hervorgegangen, die bis heute erhalten blieb, aber umbaut wurde. Es handelt sich um eine Kastellburg französischen Typs auf rechteckigem Grundriss. Die Ringmauer ist an den Ecken durch Rundtürme verstärkt. Der Nordostturm fehlt heute. Das Mauerwerk besteht größtenteils aus Material abgetragener, antiker Bauten. An der zur Stadt gerichteten Südseite sind der Burg ein Zwinger und Vorwerke vorgelagert. Ein Schalenturm trägt die Wappen der Großmeister Jean de Lastic und Jacques de Milly, was darauf hinweist, dass diese Bauten in der Mitte des 15. Jahrhunderts entstanden sind.

Nach dem Aufkommen von Schusswaffen und Kanonen beschloss der Johanniterorden, diese Burg zu einer Festung auszubauen. Dabei ist ein Baubeginn um 1495 unter Großmeister Pierre d´Aubusson anzunehmen. Die Großmeister Émery d´Amboise und Fabrizio del Carrotto setzten den Ausbau fort. Das Marmorwappen des Großmeisters d´Amboise über dem Zugang enthält die arabische Jahreszahl 1505.

Die 1514 vollendete Festung Narangia entsprach dem Stand der Festungsbaukunst zu Beginn des 16. Jahrhunderts. Um die ältere Burg wurde ein neuer Ring aus Erdwällen und geböschten steinernen Festungsmauern gelegt, und zwar so, dass zwischen der neuen Umwallung und der alten Burg ein Zwischenraum als umlaufender

Kos, ritterzeitliches Stadttor mit Erdbebenschäden von 2017

Zwinger frei blieb. Lediglich an der Ostseite wurde die Außenmauer der Burg zur Festungsmauer verstärkt. Die Umwallung erhielt einzelne Vor- und Rücksprünge, die ein Beschießen der Flanken ermöglichten. An den Ecken wurden verstärkte Eckbefestigungen ausgebildet, die zugleich als Geschützplattformen für Kanonen dienten. Die Nordwestecke ist polygonal gebildet, so dass man hier von der Frühform einer Bastion sprechen kann. Die Südwestecke ist durch ein Rondell gesichert. Die Festung war an vier Seiten von Wasser umgeben. An der Südseite, wo eine Landverbindung bestand, wurde ein Graben ausgehoben und mit Meerwasser geflutet. Heute verläuft hier die Uferstraße. Der einzige Zugang ist ein Tor an der Südseite. Man erreicht es noch heute nur durch eine Brücke. Der Türsturz und ein Marmorfries über dem Eingang stammen aus antiken Bauten.

Prägend für die an die Festung angrenzende Stadt sind die Bauten aus der italienischen Ära, die teils vor dem Erdbeben 1933, teils danach errichtet wurden. Sie umsäumen den Hafen und die Uferstraße. Als zentraler Stadtplatz wurde westlich der Altstadt der heutige Freiheitsplatz geschaffen, der vom Antikenmuseum, der Casa del Fascio und einem Marktgebäude umgeben ist. Das Erdbeben am 21. Juli 2017 beschädigte zahlreiche ältere Gebäude.

Dodekanisos Seaways fährt Kos mehrmals wöchentlich an. Hin- und Rückfahrt von und nach Rhodos an einem Tag sind in der Hauptsaison nur am Dienstag und Donnerstag möglich.

Öffnungszeiten der Festung: täglich außer Dienstag 8.30 Uhr bis 15:30 Uhr

Halbinsel östlich des Hafens von Kastelorizo mit Hafenfort Konaki (links) und Burg (rechts oben)

Kastelorizo

Die Insel Kastelorizo (Καστελόριζο), auch Kastellorizo (Καστελλόριζο), italienisch Castelrosso, alternativer griechischer Name Megisti (Μεγίστη), liegt 125 Kilometer östlich von Rhodos vor der kleinasiatischen Küste. Der Name leitet sich vom mittelalterlichen, italienischen Begriff „Castello rosso" ab, was „rote Burg" bedeutet und wohl auf die rötliche Färbung des Burgfelsens anspielt. Kastelorizo wurde 1306 vom Johanniterorden besetzt, als erste Insel auf dem Weg von Zypern nach Rhodos.

Aufgrund der großen Entfernung von Rhodos und der Nähe zur türkischen Küste kam es wiederholt zu Angriffen und Plünderungen. Nach Überfällen der Mameluken 1440 und 1444 eroberte Bernardo di Viglia Marino die Insel für König Alfons II. von Neapel (1448–1495). Die Herrschaft der Könige von Neapel wurde aber vom Johanniterorden bestritten.

Zu Beginn des 16. Jahrhunderts überließ der Orden die Insel Ferdinand dem Katholischen (1452–1516), König von Aragon, Kastilien, Leon, Neapel und Sizilien. Wohl bis zur Eroberung durch Sultan Süleyman 1522 gehörte Kastelorizo zum Königreich Neapel. Unter osmanischer Herrschaft blühte die Insel auf, weil die Bewohner über zahlreiche Privilegien verfügten. Die überwiegend griechisch-orthodoxen Bewohner unterhielten eine ansehnliche Flotte an Handelsschiffen.

Nach einem gescheiterten Aufstand 1913 gegen die osmanische Herrschaft und wirtschaftlichen Veränderungen infolge des Untergangs des Osmanischen Reiches wanderte die überwiegende Zahl der Inselbewohner aus. 1915 wurde Kastelorizo von Frankreich besetzt, aber 1921 an Italien abgetreten. Seitdem war Castelrosso der östlichste Außenposten der Italienischen Ägäis-Inseln. 1943, nach der Kapitulation Italiens, besetzten die Briten nach einem Bombardement, das Teile der Wohnbebauung zerstörte, die Insel. Die einheimische Bevölkerung wurde nach Palästina und Ägypten deportiert und konnte erst nach Kriegsende zurückkehren. Im Sommer 1944 eroberten deutsche Truppen die abseits gelegene Mittelmeerinsel. Nach Kriegsende war Kastelorizo unter britischer Verwaltung. Seit 1947 gehört die Insel zu Griechenland.

Der Hafen von Kastelorizo befindet sich in einer Bucht an der Nordseite der zerklüfteten Insel. Der ehemals viel größere Ort umgibt den Hafen von drei Seiten. Auf der Halbinsel an der Ostseite des Hafens stehen zwei Befestigungen, die aus der Zeit des Johanniterordens stammen und die Hafenzufahrt bewachten. Auf der höchsten Stelle des Bergsporns erhebt sich die vermutlich im 14. Jahrhundert durch den Johanniterorden erbaute Burg. Ihre Baugeschichte lässt sich nicht vollständig klären. So ist unbekannt, inwieweit die Burg bei den mamelukischen Angriffen 1440 und 1444 zerstört oder beschädigt wurde und welche Baumaßnahmen im 15. Jahrhundert erfolgten. Erhalten ist der weithin sichtbare Stumpf eines rechteckigen Turms. Drei der vier Außenseiten sind geböscht. An der Nordseite ist diesem Turm ein Zwinger vorgelegt, der von Rundtürmen flankiert wird. Im ausgehenden 15. Jahrhundert wurde hier eine Geschützplattform eingerichtet. Wappen oder Inschriften blieben nicht erhalten. Zu vermuten ist, dass der Turm aus der zweiten Hälfte des 15. Jahrhunderts stammt.

Burg Kastelorizo, Hauptturm

Nordwestlich der Burg befindet sich unmittelbar am Hafen der Hafenfort Konaki. Der Name leitet sich von dem türkischen Begriff „Konak“ (Festung) ab. Das Fort, ein viereckiges Bauwerk mit Innenhof, wurde vermutlich im ausgehenden 15. Jahrhundert als Außenwerk der Hafenbefestigung errichtet. Durch Umbauten der osmanischen Ära ist die ritterzeitliche Bausubstanz stark überformt worden. An der Westseite haben sich die für den Johanniterorden typischen Schwalbenschwanzzinnen erhalten.
Das Hafenfort war bis 1915 Sitz des osmanischen Gouverneurs. Heute ist hier ein Museum eingerichtet.

Dodekanisos Seaways fährt Kastelorizo einmal wöchentlich an (mittwochs). Die Burg ist frei zugänglich; der obere Teil kann mit einer Leiter bestiegen werden. Im Hafenfort Konaki ist das Museum Kastelorizo eingerichtet.
Die Besichtigung der Ausstellung zur Kunst- und Kulturgeschichte der Insel ist gegen Eintritt möglich.

Großmeister des Johanniterordens auf Rhodos

1305–1319	Foulques de Villaret
1319–1346	Élion de Villeneuve
1336–1353	Déodat de Gozon
1353–1355	Pierre de Corneillan
1355–1365	Roger des Pins
1365–1374	Raymond Bérenger
1364–1377	Robert de Juilly
1377–1396	Juan Fernández de Heredia
1396–1421	Philibert Naillac
1421–1437	Antonio Fluvian de la Riviere
1437–1454	Jean de Lastic
1454–1461	Jacques de Milly
1461–1467	Pedro Raimundo Zacosta
1467–1476	Giovanni Battista Orsini
1476–1503	Pierre d´Aubusson
1503–1512	Émery d´Amboise
1512–1513	Guy de Blanchefort
1513–1521	Fabrizio del Carretto
1521–1534	Philippe Villiers de l´Isle-Adam

Literatur

Jyri Hasecker/Jürgen Sarnowsky: Stabilmenta Rhodiorum militum. Die Statuten des Johanniterordens von 1489/93. Göttingen 2007.

Elias Kollias: Die Ritter von Rhodos. Der Palast und die Stadt. Athen 2013.

Michael Losse: Die Kreuzritter von Rhodos. Bevor die Johanniter Malteser wurden. Ostfildern 2011.

Michael Losse: Burgen und Festungen des Johanniter-Ritterordens auf Rhódos und in der Ägäis. Griechenland 1307–1522. Mainz 2017.

Anthony Luttrell: The Hospitallers in Cyprus, Rhodes, Greece and the West, 1291–1440. Collected Studies. London 1978.

Anthony Luttrell: The Hospitallers of Rhodes and their Mediterranean World. London 1992.

Anthony Luttrell: The Hospitaller State on Rhodos and its Western Provinces, 1306–1462. Aldershot 1999.

Anthony Luttrell: The Town of Rhodes, 1306–1356. Rodes 2003.

Anthony Luttrell: Studies on the Hospitallers after 1306. Rhodes and the West. Aldershot 2007.

Jonathan Riley-Smith: Hospitallers. The History of the Order of St. John. London/Rio Grande 1999.

Jürgen Sarnowsky: Macht und Herrschaft im Johanniterorden des 15. Jahrhunderts. Verfassung und Verwaltung der Johanniter auf Rhodos (1421–1522). Münster 2011.

Jürgen Sarnowsky: Die Johanniter. Ein geistlicher Ritterorden in Mittelalter und Neuzeit. München 2011.

Annina Valkana: Die Ritter von Rhodos. Koropi o. J. [2006].

Adam Wienand: Der Johanniter-Orden. Der Malteser-Orden. Der ritterliche Orden des hl. Johannes vom Spital zu Jerusalem. Seine Aufgaben, seine Geschichte. Köln 1970.

Abbildungsnachweis

Alle Fotos von Matthias Donath, mit Ausnahme von:

S. 7 (Jacques Descloitres, MODIS Rapid Response Team, NASA/GSFC; Quelle: http://eoimages.gsfc.nasa.gov/images/imagerecords/62000/62350/Turkey.A2002264.0845.250m.jpg),
S. 8 (griechenlandreise.de),
S. 12 (Wikimedia, Marco Zanoli),
S. 14 (Wikimedia), S. 17 (Wikimedia),
S. 18 (Wikimedia, Myriam Thyes),
S. 24 (Wikimedia),
S. 57 (Wikimedia, Szilas),
S. 60 (Wikimedia, Bernard Gagnon),
S. 65 (Wikimedia, Chris06),
S. 81 oben (Wikimedia),
S. 82 (Wikimedia, Jebulon),
S. 86 (Wikimedia, Tango7174),
S. 96 (Wikimedia, Friedrich Böhringer),
S. 97 (Wikimedia, Bernard Gagnon),
S. 102 (griechenlandreise.de),
S. 106 (Wikimedia, Tedmek)

www.ingramcontent.com/pod-product-compliance
Lightning Source LLC
LaVergne TN
LVHW021941220826
846092LV00010B/1205

* 9 7 8 3 9 4 6 7 1 0 5 6 1 *